AF250761

Émile ERNAULT
Professeur à la Faculté des Lettres
de Poitiers

La Bretagne
et les Pays Celtiques

* * *

L'ancien
Vers breton

Exposé sommaire, avec Exemples

et

Pièces en vers bretons anciens et modernes

PARIS

HONORÉ CHAMPION, LIBRAIRE-ÉDITEUR
5, QUAI MALAQUAIS, 5

1912

L'ANCIEN VERS BRETON

L'ANCIEN VERS BRETON

EXPOSÉ SOMMAIRE, AVEC EXEMPLES

ET

PIÈCES EN VERS BRETONS ANCIENS ET MODERNES

PAR

Emile ERNAULT

PROFESSEUR A LA FACULTÉ DES LETTRES DE POITIERS

PARIS

HONORÉ CHAMPION, LIBRAIRE - ÉDITEUR

5, QUAI MALAQUAIS

—

1912

I

Les éléments du vers breton.

1. L'ancienne versification bretonne a été étudiée en dernier lieu dans la préface de mon édition du *Mirouer de la Mort* (= *Revue Celtique*, 1910, p. 71-91), où sont indiqués les plus importants travaux antérieurs sur le même sujet. Je me borne ici aux faits principaux.

2. Les vers le plus anciennement attestés en breton armoricain ne remontent qu'à l'an 1450 environ. Encore sont-ils fort rares avant le xvie siècle, avec lequel on peut clore la période dite du « moyen breton ».

Après 1601, date approximative des débuts linguistiques et littéraires du « breton moderne », on a continué de publier, on a même composé quelques vers reproduisant l'ancien modèle. Mais le peuple s'était détaché d'une littérature qui, à force d'entraves matérielles compliquées, avait rendu le style poétique par trop artificiel et obscur. C'est en vain que le prêtre trécorois J. Cadec fit entendre à ses compatriotes de 1651 le dernier écho de cette harmonie archaïque. Son essai, trop peu pratique, de conciliation entre les exigences de la vieille métrique et l'état moderne de la langue, échoua complètement. Dès 1642, les *Cantiques* du P. Maunoir avaient popularisé, pour la forme des vers comme pour l'écriture de tous les textes, une mode nouvelle qui se recommandait par deux qualités précieuses : la simplicité et la clarté.

3. Le breton moyen est d'accord avec le breton moderne sur ces trois règles générales :

1° La *mesure* consiste dans le nombre fixe de syllabes que comporte chaque sorte de vers ;

2° Une *césure* ou pause coupe, à certaines places déterminées, les vers les plus longs ;

3° La *rime*, ou conformité de son, lie ensemble les dernières syllabes des vers.

Il ne s'en distingue essentiellement que par cette autre règle :

4° A la rime *finale* qui lie la dernière syllabe d'un vers à celle d'un autre, se joint la rime *intérieure* ou interne, qui lie l'avant-dernière syllabe de chaque vers à sa propre césure.

Exemple (*Le Mystère de sainte Barbe*, strophe 24, page 6 de mon édition, Nantes, 1887) :

Na vezet goac na diaeliff.
Ne soyez mous ni paresseux.

4. Sauf cette prescription à laquelle la poésie moderne a renoncé, les lois générales du vers breton sont aussi celles du vers français. Mais celui-ci est loin de les appliquer, dans la versification classique (et même romantique), avec le libéralisme simple et le plus sou-

vent rationnel qui prévaut en breton. La poésie et l'orthographe du français attendent encore leur Père Maunoir [1].

Pour mesurer ses vers, le poète français ne peut pas s'en rapporter au témoignage de son oreille. S'il y a deux voyelles de suite dans un mot, il faut qu'il cherche s'il n'est pas obligé de les couper en deux syllabes, suivant une prononciation ridicule, démodée depuis des siècles, au lieu de les prendre tout bonnement pour ce qu'elles sont dans le français vivant de son temps. Quand ces voyelles font partie de deux mots, il faut qu'il consulte l'orthographe académique. Celle-ci lui défend, par exemple, de demander : « Où est le loup ? » mais lui permet de répondre : « Le loup est là ». Une consonne muette empêchant les voyelles de se heurter sur le papier, l'harmonie poétique est sauvée par ce *p* de *loup !*

Parmi les scrupules relatifs à l'*e* muet ou mi-muet, il y a celui-ci. On peut dire en vers : « je prierai » (ou « je prirai ») ; on y risque timidement « un prie-

1. Gaston Paris aurait rendu à la littérature française ce double service, si ses confrères de l'Académie avaient été à même de le comprendre ; malheureusement la grammaire n'est pas leur fort. Voir *Français parlé et français écrit*, 3ᵉ édition (dans l'*Année linguistique*, t. III, Paris, 1908), p. 173, 176, etc. ; *Sur le langage poétique*, Poitiers, 1904, p. 5 et suiv., où est cité ce passage du maître romaniste : « Le plus grand malheur de notre versification est d'avoir conservé la mesure des syllabes et les conditions de leur homophonie telles que les avait établies le XVIᵉ siècle, d'accord avec la prononciation réelle d'alors : la prononciation a changé, et les règles qui l'avaient pour base ont été servilement maintenues, en sorte que nos vers sont incompréhensibles dans leur rythme et leur rime non seulement à l'immense majorité de ceux qui les entendent ou les lisent, mais encore, si on va bien au fond des choses, à ceux mêmes qui les font. »

Dieu »; mais il est rigoureusement défendu d'y mettre :
« je prie Dieu », ou même « prie-t-il ? »

Ces choses-là sont rudes :
Il faut, pour les comprendre, avoir fait ses études ;

aussi la poésie du peuple est-elle fort éloignée de celle
des classiques, et des plus fameux romantiques.

5. Toute expression bretonne qui est correcte en
prose peut entrer de plein droit dans un vers breton.

Les formes archaïques sont une ressource pour l'art
du poète, une licence dont il doit user avec réserve, et
non un lien factice pour l'enchaîner à perpétuité.

Le nombre réel des syllabes en prose est donc toujours valable dans la poésie, bien que celle-ci puisse
garder des traces d'un usage plus ancien.

De la rencontre des voyelles résultent souvent plusieurs prononciations possibles, entre lesquelles le
poète a le choix. En moyen breton, quand la suppres-
sion d'une des voyelles n'est pas exprimée par l'écriture, on garde le plus souvent les deux syllabes, mais
il est permis aussi de n'en compter qu'une.

6. En français, il y a un accent tonique sur la syllabe de la césure et sur la finale de la rime ; le breton
n'a pas de règle correspondante.

7. Les deux sortes de rimes obéissent à peu près aux
mêmes règles ; on est moins rigoureux sur la rime intérieure.

Toute rime est faite pour l'oreille, non pour les
yeux.

8. On confondait souvent, dans l'écriture, *i* et *j*, *u* et *v*, *ou* voyelle simple et *oou* diphtongue (variante de *aou*), *eu* et *eü* ; *c'h* et *ch*, *g* et *j*, *g* et *gu-*, *c* dur (*k*) et *c* doux (quelque chose comme *ts*), etc.

De plus, on écrivait ordinairement la consonne initiale radicale, sans tenir compte des mutations grammaticales qu'elle devait subir.

Pour retrouver les rimes internes surtout, il est indispensable de rétablir la prononciation du poète. Il arrive assez souvent que celui-ci avait employé une forme que l'imprimeur a remplacée par une autre équivalente pour le sens, non pour le son.

9. Chaque voyelle ne rime, en principe, qu'avec elle-même. Mais on ne s'occupe pas de la distinction des voyelles brèves ou longues, atones ou accentuées, seules ou faisant partie d'une diphtongue, etc.

Les consonnes sourdes ou fortes : *p*, *c* dur, *t*, *ch* français, *f*, *z* dur (= gallois *th*, anglais *th* dur) riment avec les sonores ou douces correspondantes : *b*, *g* dur, *d*, *j*, *v*, *z* doux (= *dd* gall., *th* anglais doux); de même *s* avec *z* français, mais ce dernier était rare. Ni ce *z* ni *s* ne riment avec *c*, son spécial écrit *cr*, *cz*, etc., etc.

Ch breton (= *c'h* moderne, *ch* allemand dur) s'accorde quelquefois avec *f*, *v* ; et, plus rarement, *r* avec *l*.

On trouve aussi des rimes intérieures moins exactes, comme *ent-*, *et-* ; *arch-*, *aj-* ; cf. § 34.

10. Chaque rime ne comprend qu'une syllabe, à partir de la voyelle. On ne recherche pas la conformité de la consonne qui précède cette voyelle.

La rime interne est plus ou moins riche, selon qu'elle comprend ou non une ou plusieurs consonnes après la voyelle.

Ainsi *unan* un, *termen* terme, riment à la fin en *-an*, *-en*, et intérieurement en *u-* ou *un-*, *er-* ou *erm-*, sans qu'on cherche, comme en français, la « consonne d'appui », *-nan*, *-men* ou *-rmen* (*ter-* ou *term-*), sorte d'allitération que l'anglais évite.

11. On s'attache à redoubler ou à multiplier davantage une rime intérieure.

A défaut de ce redoublement, il y a souvent *assonance*, ou concordance de la voyelle seule (*-un*, *-u*, *un-*, ou même *-un*, *-us*, *-un-*).

12. Il peut aussi y avoir une ou plusieurs rimes intérieures secondaires.

En ce cas, elles se suivent dans un des deux ordres prescrits pour les rimes finales : elles sont *plates* ou suivies (a, a, b, b) ou bien *encadrées* ou embrassées (a, b, b, a); on évite le *croisement* (a, b, a, b).

13. Une rime intérieure peut tomber, par exception, sur une autre syllabe que la dernière d'un mot, s'il n'y a pas de césure obligée à cette place.

14. Il arrive aussi, exceptionnellement, que la syllabe qui a un écho antérieur n'est pas l'avant-dernière du vers, mais celle qui la précède; plus rarement, une autre moins rapprochée.

Ainsi le 25ᵉ des Anciens Noëls publiés par H. de la

Villemarqué, tomes X à XIII de la *Revue Celtique*, commence par :

Nouel ! Nouel ! Alleluya !

vers qui a dû être pris à une pièce française ; on le retrouve comme refrain (Noël Noël *Alleluia !*) à la fin des 42 strophes de celle qui commence par « Saint Joseph avec Marie », p. 50-52 des *Vieux Noëls* imprimés chez la V⁶ Ivonnet, à la Roche-sur-Yon.

15. La rime finale est souvent redoublée.

Cela arrive, par exemple, dans les quatrains mono-rimes.

La dernière rime d'un sizain devient aussi, ordinairement, la première de la strophe suivante ; etc.

Le 18ᵉ Noël consiste en 13 quatrains d'alexandrins en *et* (le 4ᵉ vers est un refrain).

Par un raffinement plus inattendu, les 32 douzains de vers de 5 syllabes qui composent le rôle du « Témoin », dans la *Passion* (première partie du *Grand Mystère de Jésus* édité par H. de la Villemarqué, Paris, 1866) et qui sont répartis en 16 passages, se terminent uniformément en *as*.

16. Enfin, la rime intérieure d'un vers est souvent déterminée par la rime finale du vers précédent.

C'est ce qui arrive régulièrement aux vers 3 et 6 de la strophe la plus commune, en 6 vers, dont on peut figurer ainsi les deux dernières syllabes :

a) *a, .a, ab, .c, .c, cb* *(.b*

Il y a des pièces, comme le 10° Noël, et de longs passages dans les compositions dramatiques, où les rimes finales et intérieures sont ainsi enchaînées d'un bout à l'autre.

Un second type de quatrain donne aussi la finale des 2 premiers vers comme rime interne du 3° :

$$.a, .a, ab. .b$$

17. Voici des exemples de ces divers ornements poétiques, dans des vers de 8 syllabes.

1° Rime intérieure multipliée (S⁺ B. 446) :

Quen yen quen bilen ha quen stram.
Si odieux, si vil et si affreux.

2° Rime interne et assonance multipliée (B 311) :

Un musur pur. un cur furmel.
Une sagesse infinie, une providence formelle.

3° Deux rimes internes encadrées (B 375) :

Respontet, ha na compset gou.
Répondez, et ne dites pas de mensonge.

4° Trois rimes internes (encadrées et suivies), B 788 :

En neff heb neb cleff-el crel diff.
Au ciel sans aucune maladie, crois-moi.

5° Trois rimes internes suivies, la dernière doublée (Gr. Myst. de J., 25) :

Ma m-am flour, cour-tes es-press-et.
Ma douce mère, vraiment courtoise.

6° Enchevêtrement obligatoire de rimes finales et internes ; redoublement (moins nécessaire) des rimes finales. (Strophe 391 de S⁺ Barbe, avec ses dépendances immédiates). Je ne relève que les rimes complètes ; tous les vers ont, en outre, des assonances à une rime intérieure, ordinairement la principale.

390. . . . .
    Eomp guy-ti-bunan ahan-enn.

391. *A ! qua-ffet out ! heb neb sout-en*
    Ret eu dit meruell ! Ne ell den
    Da sicour certen, te en goar ;
    Breman gant un baz ez laz-iff
    Quic ha crochenn ez dispenn-iff
    Quent ez flachiff ne liquiff mar.

392. *Orcza oar da r-eux nez eux car*

. . . .

390. Allons (tous) tant que nous sommes, (partons) d'ici.

391. — Ah ! te voilà trouvée ! Personne ne peut
    Te secourir, certainement tu le sais ;
    Maintenant avec un bâton je te tuerai,
    Chair et peau je te déchirerai
    Avant que je bouge (d'ici) ; je n'hésiterai pas.

392. Or ça, pour ton malheur tu n'as pas d'ami.

7° Quatrain monorime (Noël 23) :

    Un steren guen ho quelenn-e
    Da monet dan place, dre grac Doue,
    Ma voa Jesus ; eurus voe
    Oz caffout Mary, an Try Roue.

Une étoile blanche les guidait pour aller, par la grâce de Dieu, à l'endroit où était Jésus ; ils furent heureux en trouvant Marie, les trois rois.

Cette rime est en *e*, avec tendance à une variante plus complète *oe* ; voir § 28.

8° Quatrain où la première rime finale devient rime intérieure (XI 12) :

> *Nouel! Nouel! Da Nedel-ee,*
> *Da Map Roue'n Tron, en brezon-ec,*
> *Quenomp choantee, hep diegu-y :*
> *Ganet eo Doue, hon guyr Roue ny.*

Noël! Noël ! A la Nativité, au fils du roi du ciel, en breton chantons avec zèle, sans nous lasser : Il est né, Dieu notre vrai roi !

Ce dernier vers est un refrain, de sorte que la seconde rime finale est aussi obligée. Les Noëls 15 et 21 suivent les mêmes règles.

18. Grâce à la rime intérieure qui relie fortement ses parties entre elles, le vers moyen breton forme une unité plus caractérisée, plus distincte d'une ligne de prose, que le vers breton moderne ou français. Et d'autre part, il se trouve souvent, par la solidarité des rimes intérieures et finales, uni avec les vers qui l'accompagnent, plus intimement qu'il ne le serait dans ces deux langues — et dans presque toutes les autres.

19. La rime intérieure est, en moyen breton, un héritage de la poésie du vieux breton, qui ne nous a laissé aucun fragment. Elle remonte même plus haut : avant l'émigration bretonne qui a donné naissance au rameau armoricain du brittonique, elle était employée dans la Grande-Bretagne, où elle est restée vivante en gallois.

Elle n'était pas étrangère à l'autre branche de la famille néo-celtique : on en retrouve des traces en vieil irlandais. C'était, comme l'allitération ou rime intérieure des consonnes *avant* la voyelle, une façon d'établir un lien harmonieux entre les membres d'une phrase poétique.

20. Faisant la grande originalité de la versification du moyen breton, elle en constituait aussi la difficulté principale.

Les poètes étaient plus ou moins scrupuleux sur ce point, comme sur les autres. Mais dans les textes mêmes où elle est le plus négligée, il est certain que les auteurs la connaissaient. Seulement ils se contentaient d'appliquer la règle par intermittence, quand cela ne leur coûtait pas trop de peine à eux-mêmes, ni de difficultés à leurs lecteurs.

Le moins scrupuleux de ces versificateurs, Gilles de Keranpuil, déclare, p. 2 des *Heures* (publiées avec traduction anglaise par Whitley Stokes, sous ce titre : *Middle-Breton Hours*, Calcutta, 1876), que sa rédaction poétique du Pater est « en brezonec, facilhafu maz eu possibl », en breton aussi facile que possible. Ses vers sont, en effet, clairs comme la prose du temps. Il ne les fait d'ordinaire rimer que par la fin, quelquefois peu exactement (-*ec* et -*el*, p. 5 ; *cals* et *bras*, 15), parfois aussi en les croisant, comme p. 7, 8, etc.

Un couplet d'allure populaire, chanté par les maçons dans Sainte-Barbe (str. 79), donne à croire que le peuple, tout en connaissant le système des rimes intérieures, le pratiquait aussi avec modération, et ne se piquait pas de suivre les règles classiques qui règnent sans conteste dans presque toutes les autres poésies de la même époque : les mystères dramatiques, le grand poème religieux du *Mirouer de la Mort*, les inscriptions, etc.

On ne peut ajouter, comme monuments anciens de la versification relâchée, que les deux premiers des trois

Poèmes Bretons du moyen-âge réédités par H. de la Villemarqué, Paris et Nantes, 1879, où la rime intérieure est d'ailleurs fréquente, et les quelques vers bretons insérés dans la farce de *Pathelin*. Ceux-ci ont été faits sur commande, suivant le rythme du texte français, comme les autres passages en différentes langues ; voir Chevaldin, *Les jargons de la farce de Pathelin*, Paris, 1903.

21. Les Noëls, qui ne nous sont parvenus que dans une édition de 1650, observent tous les raffinements possibles de la rime, même dans les pièces qui sont qualifiées de « nouvelles ».

Les cantiques du *Doctrinal ar Christenien*, Morlaix, 1628, que j'ai publiés dans l'*Archiv für celtische Lexikographie*, t. I, p. 13, 360, 556, sont de facture ancienne aussi, mais on y a renoncé absolument à deux complications qui étaient très usitées : multiplication des rimes finales, et transformation de certaines de celles-ci en rimes internes. Sur ces 18 cantiques, 17 sont en quatrains sur deux rimes plates, où chaque vers a une rime interne indépendante : cela n'arrive que dans 2 Noëls sur 43 (les n⁰ˢ 38 et 42). Le 10ᵉ cantique est en sizains sur 3 rimes plates, dont aucune ne devient rime interne ; cela est encore plus contraire au type traditionnel du sizain, si fréquent dans les Noëls. les Mystères, le 3ᵉ des *Poèmes bretons du moyen-âge*, et le *Mirouer de la Mort*.

La séparation des vers.

22. Pour la division des textes du moyen breton en vers, on ne saurait se fier entièrement ni aux manuscrits ni aux éditions. Il faut, en général, se laisser guider par ce principe, que tout vers a une rime finale.

Cette règle souffre peu d'exceptions ; il y en a deux de certaines.

23. Les vers au-dessous de cinq syllabes, d'ailleurs rares et isolés, sont parfois considérés comme des exclamations en dehors du rythme poétique.

Ils peuvent n'avoir aucune rime, comme « A ! » Ah ! B 796 ; « Allas ! » Hélas ! J 25 ; « Neb oun nac ! » Allons, courage ! B 26 ; « Hau consciance » Eh bien, Conscience ? 771.

Ou bien ils n'ont qu'une rime interne, comme *A ! m-a m-ab !* Ah ! mon fils ! J 44 ; *Ya-hann ha Pezr,* Jean et Pierre, 46.

Ou bien la finale rime, non à une autre finale, mais à une ou deux syllabes du même vers : *Cza ! cza !* Çà ! çà ! B 27 ; *Bo ! bo !* Ah ! ah ! 28 ; *Ma m-am* Ma mère ! J 26 ; *A ! m-a m-am !* Ah ! ma mère ! 46 ; *Nac e-guit se ?* Et pour cela ? B 373.

Il arrive encore que la dernière syllabe s'accorde, seule ou non, avec la rime intérieure, principale ou secondaire, du vers suivant (J 45, 117-118, 199) :

> Gen *i-huy*,
> Mar-tha ha Mar-y, en ty man.

Avec vous, Marthe et Marie, dans cette maison.

> Nac *e-guyt se* ?
> Ef *ve* a dle-hech, pan *vech* fur.

Et pour cela ? — C'est lui que vous devriez (délivrer), si vous étiez sages.

> Penaux gragu*ez* ?
> En tal an *bez et* omp *bez-et*.

Comment, femmes ? — Près du tombeau nous sommes allées.

24. Cela n'empêche pas d'autres vers de mêmes mesures d'avoir une rime finale, comme « Gloat » De l'argent ! B 292 ; « Horell ! » (cri en jouant à la crosse) 370 ; « Nouel ! » Noël ! 13ᵉ NI, str. 1 ; « Ha pepret » Ah ! toujours J 57. Le 18ᵉ cantique du *Doctrinal* est une traduction de l'hymne *O filii et filiæ*, où 3 vers de 8 syllabes sont suivis d'un de 3, rimant avec le précédent :

> Quent Pezr chetu ec'h arru-*as*
> Gant ar bez br*as*.

Voilà qu'avant Pierre il arriva au grand tombeau.

Il peut aussi y avoir à la fois les deux sortes de rimes :

> Na pe da tra ?
> Da ober *bec* da Rebecc-a.

Et à quoi (va-t-il, le lait) ? — A faire le teint de Rébecca (J 201).

Chede hy dit *nel rentel glan.*
— *A ha! breman.*

La voici qui t'est rendue saine et sauve. — Allons, maintenant (J 75).

25. En second lieu, le vers qui termine une strophe, et qui a une rime intérieure conforme à la finale du vers précédent, peut quelquefois être dispensé par là de la rime finale.

Dans plusieurs des Noëls, le fait a lieu tantôt régulièrement, d'un bout à l'autre de la pièce, tantôt accidentellement, dans des strophes isolées. Ainsi 9 strophes du 14ᵉ qui imite le rythme saphique de l'hymne *Iste Confessor*, sont des quatrains monorimes ; dans une seule, la première, le 4ᵉ vers remplace la rime finale par la conformité, à cette finale, de sa rime intérieure. Le 34ᵉ Noël est entièrement conforme à ce dernier type.

Cependant le poëte s'efforce, en pareil cas, de rattacher cette finale isolée à celle de quelque vers voisin ; le 16ᵉ Noël, dont la mesure est différente des précédents, offre divers effets de cette tendance. Mais ce n'était pas une obligation.

26. Deux phénomènes inverses font parfois varier un rythme donné. Tantôt un vers est coupé en deux, la rime de son hémistiche s'accordant avec la finale, et non avec l'avant-dernière ; tantôt deux vers se joignent en un seul, la rime du premier s'accordant avec la rime intérieure et non avec la finale du suivant.

Ces variations n'entraînent pas de changement dans la coupe une fois adoptée par l'impression. Voir § 37.

27. On comprend que la difficulté matérielle de mettre trop de mots dans une seule ligne contribue à faire couper les vers par la moitié, ou en parties plus petites ; et que pratiquement il ait été facile de confondre, surtout dans les poésies chantées, une syllabe suivie d'un repos et formant rime interne, avec une autre syllabe également suivie d'un repos et formant rime finale.

28. La question se compliquait encore, lorsqu'il y avait conformité entre les rimes internes de vers consécutifs ; ce qui équivaudrait à des rimes finales croisées. Mais le fait est des plus rares ; il n'y en a que deux exemples.

C'est, d'abord, le Noël 41, qui est tout entier sur le type suivant (str. 507) :

Rouanez try diouz Ori-*ent*
A het an *hent* no deuez *lent*-el,
En em caffas en un crous *hent*
Oz clasq Roue'n seut hep fent, *ent*-ent-el,
Tut a fecçon don-eson-*nou*
A profsont da Doue Roue'n e-ffaou [1].

Trois rois de l'Orient qui en route ne se sont pas attardés, se trouvèrent dans un carrefour, cherchant le roi des saints, sans feinte, sachez-le ; hommes de bien, ils offrirent des présents à Dieu, le roi des cieux.

Ceci se présente sous la forme d'un sizain : 8 syll.. 9 s., 8 s., 9 s., 8 s., 8 s., commençant par des rimes croisées. Si l'on veut y voir un quatrain : 8 + 9 ; 8 + 9 ;

1. Nous avons là un exemple, dans la rime interne, de *oue*, *oue*, *e* ; cf. § 17, 7°.

8, 8, on se trouve en présence d'une autre innovation : la rime interne principale du premier vers est aussi celle du second.

Dans les anciens quatrains, au contraire, c'est la rime finale qui est commune aux 4 vers ; ou bien, celle des 2 premiers devient rime interne du 3e. L'auteur du 41e Noël a, du reste, cherché ce dernier rapport ; mais il n'y est arrivé que 4 fois sur 13 (str. 497, 501, 504, 508).

Au contraire, le Noël 37, qui a fourni l'air du 41e, et qui est qualifié de « nouveau et excellent », applique cette règle dans les 6 strophes ; quant au croisement des rimes, il ne se montre qu'aux 3 premières.

Il doit y avoir là imitation de vers français de 8 syllabes à rimes d'abord croisées ; la 9e syllabe bretonne correspond à une rime féminine, avec un *e* mi-muet relevé par la musique.

De même dans le second exemple de croisement : ce sont les 54 quatrains de Cadec, où la finale des vers 1 et 3, de 12 syll., sert de rime intérieure aux vers 2 et 4 de 13 syll. ; par exemple (*Revue Celtique*, XX, 66) :

> Pa vouach en Agony ma Salver bi-ni-guel,
> Ho eus recommandel o E-né dré o ped-en,
> Do Tat ol galloudec dre ze me ho requ-el,
> Ma varvo ma sperel gueneoch dre guir cred-en.

Quand vous étiez à l'agonie, mon Sauveur béni,
Vous avez recommandé votre âme, par votre prière,
À votre Père tout-puissant ; aussi je vous demande
Que mon esprit meure avec vous, par la vraie foi.

Le modèle français devait être en alexandrins à rimes croisées, commençant par la masculine.

III

Vers sans césure fixe.

29. Au-dessous de 10 syll., les vers n'avaient pas de césure exigée rigoureusement à une seule place déterminée.

Ceux de 5 syll. servaient, dans les pièces dramatiques, à expliquer aux spectateurs les scènes qui allaient suivre.

Ils étaient groupés en strophes de 12 vers dont chacune équivalait, pour la distribution des rimes finales, à 2 sizains liés par la reprise de la dernière rime, comme on a vu au § 17.

De même aussi, l'avant-dernière syllabe des vers 3, 6, 9 et 12 s'accordait avec les rimes finales des vers précédents.

Mais ces deux règles étaient seules obligatoires, le vers de 5 syll. n'étant pas tenu d'avoir une rime intérieure proprement dite, c'est-à-dire un écho à la 4e.

Cela peut faire penser que ces douzains de vers de 5 syll. étaient, à l'origine, des quatrains de vers de 15 syll. à 2 césures, où la finale des vers 1 et 2 devenait rime interne du 3e, comme dans beaucoup d'autres sortes de quatrains.

Mais il faut remarquer, par ailleurs, que les anciens mystères français ont donné aux Bretons l'exemple de douzains tout semblables pour la mesure, et l'agencement des rimes finales ; celles-ci étaient, de plus, souvent redoublées, ce qui comme difficulté équivalait aux rimes intérieures partielles du breton. On lit, par exemple, dans *Le Mystère de la Passion* d'Arnoul Greban, éd. G. Paris et G. Raynaud, Paris, 1878, p. 341 :

> O noble Judee,
> noblement fondee
> d'ancienneté,
> Lors fus bien mondee :
> or as mal gardee
> ta nobilité.
> Quand par cruaulté
> tu as debouté
> ton leal pasteur
> Tout par sa bonté :
> venge tel durté,
> haultain createur.

Le système breton n'aurait pas exigé ici les deux dernières rimes en *-dée* et en *-té*, mais il demandait des échos intérieurs à 4 rimes finales, tels qu'il y en a — par hasard — dans ce sizain, p. 183 :

> Je crie et sermo*nne*,
> je prie et jargo*nne* ;
> j'ay beau sermonn-*er*,
> Je ne voy perso*nne*
> qui son cueur ado*nne*
> a me riens donn-*er*.

Ces douzains spéciaux, en breton, au vers de 5 syll., ne l'étaient pas en français : on en lit un en vers de 8 syll., p. 361 du même texte qui a servi de modèle au *Grand Mystère de Jésus.*

La rime intérieure, non obligée, se trouve, par exemple, B 2 :

> Merch dan *roe voe* hy...
> Den mali-ci-us.

Elle était fille du roi..., homme méchant.

Elle peut aussi être multipliée :

> *Ez voe de-re-et.*

Il fut amené (J 73, cf. 152, 180, etc.).

30. La dernière demi-strophe s'accroît quelquefois d'un vers (a, a, b, c, c, c, b), ce qui ferait un grand vers quaternaire de 20 syll. [1].

Cela devient la règle aux secondes demi-strophes du Noël 10, où les premières sont des sizains de vers de 10 syll. coupés à la 4e. Ces vers de 5 syll. sont aussi dispensés de la rime interne proprement dite, bien que l'auteur réussisse souvent à leur en donner une.

31. Le vers de 5 syll. paraît, naturellement, à la fin de chaque strophe dans les 4 Noëls sur le rythme saphique de l'hymne *Iste Confessor*. Dans les 3 premiers (14e, 34e et 38e), la rime interne est obligée ; c'est la rime finale qui peut manquer, si la rime interne reproduit la finale du vers précédent (14e et 34e, str. 1, etc.).

Au 43e, la rime interne proprement dite n'est pas obligatoire ; cela doit venir de ce que ce vers se joint

---

1. Le français avait des huitains du même genre : a, a, a, b, a, a, a, b ; on en lit plusieurs dans « Le chevalier qui donna sa femme au dyable » (E. Fournier, *Le théâtre français avant la Renaissance*, Paris, 1872, p. 177, 178, 183, etc.).

au précédent, pour former un long vers de 16 syll. à
2 césures, comme les 2 premiers en forment un plus
long encore, de 22 syll. ; par exemple :

> En un ty dy-fllas, en presep un *as-en*,
> Ez ma voar an *fouen Doue Roue'n* glen dysquenn-el ;
> Rentomp dezaff cher seder ha *reuer-ance*,
> Pan omp aduanc-el.

Dans une maison incommode, dans la crèche d'un âne,
est descendu sur du foin Dieu le roi du monde ; ren-
dons-lui gaiment hommage et honneur, puisque nous
sommes sauvés.

32. Au Noël 8, les 2 premiers vers de 6 et 5 syll.
doivent n'en faire qu'un du même type que le suivant :

> *Nouel, Nouel, Nouel !*
> E quentel *guel-uomp !*
> Rouanes an *Tens-or*, cosquor, enor-omp.

Noël ! Noël ! Noël ! c'est le temps de l'appeler ! Peuple,
honorons la Reine de tout bien.

C'est là sans doute un refrain. Tout le reste est sur
le rythme qui suit :

> Don guir *Ad-uocad-es*,
> Merch *caezr*, Impalaezr-es,
> Hon Maes-tres ness-aff,
> Ny a dle *re-ue-rant* en em presant-aff.

A notre vraie avocate, belle jeune fille, impératrice, notre
Maitresse immédiate, nous devons avec respect nous
présenter.

Cela fait 2 vers de 6 syll., un de 5, et un de 11 (6 + 5) ;
ou bien l'on peut réunir les 3 premiers en un vers ternaire de 17 syll., ce qui est appuyé par ce fait, que la
ligne de 5 syll. n'a pas d'autre obligation que de rimer

par la fin au vers suivant, et par l'avant-dernière syll. aux deux lignes précédentes ; les deux rimes Maes-tres, dans l'exemple cité, sont de pur ornement.

33. Dans les vers de 6 syll., la rime intérieure est obligée ; elle se trouve toujours après la première syll., quand elle n'est pas redoublée.

Ces vers forment, dans la *Vie de sainte Nonne (Rev. Cell.*, VIII, 298), des sizains sur le même modèle que les autres (§ 17) :

> *Orzca cza tul ma ly*
> *Tul a brul a stud-y*
> *Vn sourcy am gruy bras...*
> Or ça, ça, gens de ma maison, hommes de réputation et
> d'étude, un souci me pique beaucoup...

Les Noëls 6 et 7 ont d'abord un sizain semblable, qui doit être un refrain.

Les strophes suivantes finissent de même, mais elles sont précédées de 4 lignes de 6 syll. qui doivent se joindre 2 à 2. Du reste, la strophe entière peut être regardée comme un quatrain de vers de 12 et 18 syll. (6 + 6 ; 6 + 6 ; 6 + 6 + 6 ; 6 + 6 + 6) ; la rime finale des 2 premiers devint rime interne du 3ᵉ :

> *Neuse pront ez spont-al*
> *Tiz mal dr'en penn-ad-ur*
> *Allas ! dreau oz cleu-el*
> *E bout net ganet sur ;*
> *Maz en cherchas ass-ur*
> *Diouz e tut, an hud-ur,*
> *Sigur an Scriptur-iaou ;*
> *Hac, a goall saout out aff.*

Gant annoaz de laz-aff
Ez oa claff gant caff-aou.

Alors tout de suite il fut effrayé aussitôt à cause de ce chef, hélas ! en apprenant clairement qu'il était bien sûrement né ; et il s'enquit, certes, auprès de ses gens, l'infâme, assurément, des Écritures ; et faute de le trouver, par envie de le tuer il était malade de chagrin.

34. Le vers de 7 syll., très rare dans les documents du moyen breton, avait un caractère plus spécialement populaire (*Rev. Cell.*, XVI, 173-176). La rime interne n'y est pas aussi régulière qu'ailleurs. Le couplet chanté par les maçons (B 79) en a des exemples certains :

Hac e re-o da e-uaf.
Et il la mènera à boire.

35. Le vers de 8 syll. était des plus usités dans tous les genres. Sa rime interne, quand elle est unique et non redoublée, vient après la 2ᵉ syllabe ; il en est de même pour les hémistiches de cette mesure (*Rev. Cell.*, XIII, 228-241).

Nous avons vu un sizain et un quatrain monorime de ces vers, § 17.

Une variante (Noël 28) montre au 4ᵉ vers la rime finale devenue rime interne, sans que la dernière syllabe ait la rime nécessaire.

D'autres quatrains ont, comme on l'a vu aussi, 2 rimes plates, dont la 1ʳᵉ devient la rime interne du 3ᵉ vers. Le 4ᵉ peut être un refrain (Noëls 12, 15, 31).

Le Noël 29 ajoute un vers de plus sur la première rime. Voici la dernière strophe, où le 4ᵉ est en latin :

Pedomp Roue'n nouar, Map Mar-y
Ha maz ay hep goap dan ab-ry
Holl pobl Leon hep essonn-y
Ad Parad-i-si gaudi-a,
Greomp meu-leu-dy da Ma-ri-a.

Prions le Roi de la terre, le fils de Marie, pour que tout le peuple du Léon aille assurément au repos sans tarder, dans les joies du paradis. Chantons les louanges de Marie.

Au contraire, le Noël 16 supprime le 4ᵉ vers, de sorte que le 3ᵉ peut ne pas avoir de rime finale.

36. Il y a aussi des quatrains sur 2 rimes plates, où toutes les rimes internes sont indépendantes. Telle est l'inscription de Saint-Thégonnec, datée de 1587, en caractères épigraphiques. Tous les *u* y sont écrits *v*, et la plupart des mots séparés par deux points.

M. Loth la transcrit et la traduit ainsi (*Annales de Bretagne*, XI, 272) :

Itron maria vir sicour
Ni o pet huantee don recour
Hui en quentaff advocades
Evit pecher ha pecheres.

« Madame Marie de vrai secours, nous vous prions ardemment de nous secourir, vous en premier avocate pour pécheur et pécheresse ».

Mais la rime et la grammaire exigent qu'on coupe les syllabes MARIA :

Itron Mari a vir si-cour.

Vir ou *uir* est une mutation de *guir* amenée par la préposition *a*, et notée exceptionnellement ; cf. la rime de *maru* mort (*mare* ou *maru*) à *mar guenn* si blanc (*mar v-enn* ou *mar w-enn*). *Mirouer*, 316. Il est très probable aussi que le 3ᵉ vers veut dire : Vous êtes la première avocate. Voir *Rev. Cell.*, XVIII, 310-312; et plus loin § 38.

37. Un cantique sur le même rythme (*Doctrinal*, p. 166-170) raconte la découverte, en 1625, de la statue vénérée à Sainte-Anne d'Auray.

Il y arrive, de temps en temps, qu'une rime soit répétée, ce qui produit accidentellement des quatrains monorimes.

Quelquefois 2 vers s'unissent, la finale du premier se réduisant à une césure qui n'a plus que des rimes internes. Aux str. 9 et 23, ce sont les 2 premiers ; à la str. 16, les 2 derniers ; ces 3 quatrains sont ainsi remplacés par des tercets monorimes, avec un vers double des autres. La str. 18, où les 2 parties subissent le même sort, devient un distique :

> Mar ho heux clevet er bel-man,
> Na gant nep poan mar douch goan-et,
> Nobl ha commun gui-ti-bun-an,
> Na bras na bihan na man-et.

Si vous avez une maladie quelconque ou par quelque peine si vous êtes affligés, nobles et vilains, tous, petits ni grands, que nul ne reste.

Ceci arrive à toutes les strophes dés Noëls 2, 19, 24.

38. M. Loth (*La Métrique galloise*, Paris, 1902, II, 2ᵉ partie, p. 181), cite comme exemple de vers de 9 syll. ce passage du 37ᵉ Noël (*Rev. Cell.*, XIII, 149) :

> Han Pastorel a so diredet ;
> Rouanez try diouz Orient
> A het an hent no deuez lentel.

Et les bergers sont accourus ; trois rois d'Orient ne se
sont pas attardés en route.

Mais l'examen de la pièce prouve qu'il y a là 3 hémis-
tiches, dont le second a 8 syll., comme celui qui précède (= Les saints anges ont chanté) :

> An Aelez glan ho deux can-el
> han Pastorel a so dired-et ;
> Rouanez try diouz Ori-ent
> A het an hent no deuez lent-et.

Il eût mieux valu citer la p. 167 qui a précisément le
même vers :

> Rouanez try diouz Orient
> A het an hent no deuez lentel.

parce qu'ici cette coupe n'est pas impossible ; voir § 28.

Les *Heures* ont plusieurs vers de 9 syll., par exemple,
p. 45 :

> Huy so en pep stat ad-uocad-ez
> Eguit pep pechezr ha pechezr-ez.

Vous êtes de toute façon avocate pour chaque pécheur et
pécheresse.

Le premier vers peut n'avoir que 8 syll., à cause de
la rencontre des voyelles dans *so en*.

C'est une variante, mieux rimée, de l'inscription vue
au § 36 ; il y en a encore une, p. 170 du *Doctrinal :*

> Da pep pec'hezr ha pec'hezr-es
> Ezeo haznad Ad-vocad-es.

A chaque pécheur et pécheresse elle est, comme on sait,
avocate.

Le 10ᵉ cantique du *Doctrinal* est formé de vers de 8, 9, 8, 9, 8 et 8 syll. ; ce doit être l'imitation d'une pièce française commençant par des rimes croisées, dont la seconde était féminine :

> Rac *Doué* en de-veux avoü-et
> En hon *natur* pa en deveux and*ur*-et,
> Penaos é *rey* d'ar Beley-en,
> Gallout Pe*zr* da rey d'ar pec'her-ien,
> (Gant accep*ti* ar pi-ni-gen)
> A pep pec'het *oll* absol-uen.

Car Dieu a déclaré, quand, ayant pris notre nature, il a souffert, qu'il donnera aux prêtres le pouvoir de Pierre pour donner aux pécheurs (pourvu qu'ils acceptent la pénitence), l'absolution de toute espèce de péché.

L'auteur avait pensé aux formes *avouéet* et *pec'hezrien*, qui ont été modernisées par l'imprimeur.

39. La rime intérieure peut se trouver à la 3ᵉ syllabe ; on vient d'en voir un exemple, il y en a d'autres dans le même cantique, comme :

> Entre *pep* curus ó rep-os.

Reposant parmi tous les bienheureux.

M. Loth (*Métrique galloise*, II, 2, p. 201), parle de la 4ᵉ syll., ce qui n'est pas justifié non plus pour les hémistiches de 9 syll. ; le Noël 37 porte, par exemple, à la 1ʳᵉ strophe :

> Pan omp lamet fran*ec* a *langu-is*,
> Chenchomp gu*is* hac en em auis-omp.

Puisque nous sommes tout à fait tirés de langueur, changeons de conduite et rentrons en nous-mêmes.

Voir encore § 54.

IV

Les vers à césure fixe.

40. Les vers plus longs peuvent être considérés, au point de vue pratique, comme composés des précédents. Il y a au moins une rime interne à chaque césure ; d'ordinaire on met aussi une autre rime entre la césure et l'avant-dernière syllabe.

Les plus usités sont les vers de 10 et de 12 syllabes.

41. Ceux de 10 syll. sont le plus souvent coupés à la 4ᵉ, et groupés en sizains, dans les pièces dramatiques ; de même au Noël 13. Voir § 30.

Leur type ordinaire est :

Autrou a grace hoz soulace moz grac-y.

Seigneur, je vous remercie de la grâce de votre consolation (B 681).

Mais le système des rimes intérieures peut y être bien plus riche :

E duiz liz mal hep nep deb-al bal-ant.

Je suis venu promptement, sans nulle hésitation, aussitôt (B 53).

Ils forment aussi des quatrains monorimes (Noël 5), ou sont mêlés avec d'autres de 12 syll. (Noël 1, str. 1), etc.

Les quatrains du Noël 30 sont en réalité des distiques de vers de 20 syll. ; voir § 56.

42. Les vers de 10 syll. sont aussi coupés au milieu ; ce rythme était fréquent dans une comédie, *Les Amourettes du vieillard*, que D. Le Pelletier a citée. Ces citations sont presque toujours trop courtes pour nous renseigner sur l'agencement des rimes finales ; on voit cependant, par le second passage donné au mot *drouin*, que certaines de ces finales devenaient la rime interne du vers suivant.

Ce vers se trouve aux Noëls 20 et 31 (quatrains où la rime finale devient rime interne du 3ᵉ vers ; le 4ᵉ est un refrain). Il peut n'y avoir de rime interne qu'à la césure :

> Rouanez hep sy try dioux Ori-ent
> Voe en em caffas en creis un croass-ent.

Ce furent trois rois de l'Orient, sans faute, qui se rencontrèrent au milieu d'un carrefour.

43. Outre ces deux coupes, le 11ᵉ cantique du *Doctrinal* en admet une troisième : 6 + 4. Il les mélange à volonté, et a même 8 exemples d'une autre césure : 7 + 3. Dans 5 de ces passages, l'irrégularité pourrait être corrigée par une simple transposition de mots. Ce n'est point le cas aux str. 18, v. 2 ; 24, v. 1, ni à la 20ᵉ, qui présente un spécimen des 4 mesures (7 + 3, 4 + 6, 6 + 4, 5 + 5) :

> Evel ma voue ar se-lanç avanc-el,
> Gant cals à hu neuse voue condu-el
> Evel un den ifam é voue sam-el,
> A ur Croas ponner Salver hon sper-el.

> Quand la sentence fut prononcée, avec beaucoup de
> huées alors il fut conduit ; comme un homme infâme
> fut chargé d'une lourde croix le Sauveur de notre âme.

Il doit y avoir quelque erreur au v. 2 de la str. 31,
qui est coupé d'une 5ᵉ façon : 8 + 2.

Nous avons vu, § 41, un vers de 10 syllabes dont
une seule est sans rime ; en voici un autre (B 464) :

> Poen conten-u heb neb rep-u cru-el.

Peine continuelle, cruelle, sans aucun répit.

44. Le vers de 11 syll. est coupé à la 5ᵉ, dans les
strophes du rythme saphique. Il est rare que la seconde
rime interne manque au 2ᵉ hémistiche sans aucune
compensation, comme l'assonance dans :

> Neuse Roue an *euff* so enn y conceu-et.

Alors le roi du ciel fut en elle conçu.

Ces quatrains en vers inégaux peuvent être monorimes (Noël 14, sauf la 1ʳᵉ str.), ou changer la finale en
rime interne au dernier vers (Nl 34), ou avoir 2 rimes
plates (Nl 38).

Au Noël 43, les vers se joignent 2 à 2, ce qui fait
d'abord un long vers de 5 + 6, + 5 + 6 = 22 syll. ;
voir § 31.

45. La coupe inverse, 6 + 5, se trouve au Noël 8,
mêlée à des vers de 6 et de 5 syll. :

> Ha Ma-ry en *ga-nas* en craou un *as-en.*

Et Marie le mit au monde dans l'étable d'un âne.

46. Le Noël 40 a d'abord 2 vers de 11 syll. (4 + 7),
puis 2 de 10 (4 + 6) ; la première rime finale devient

rime interne du 3e, le 4e est un refrain. Cette disposition indique imitation d'une poésie française à rimes plates, d'abord féminines. Exemple :

Ny a ca-lon oll, tut guirion, Leon-is,
A guir gaudel greomp requel da Roue'n bed-is,
Bourch na ploueis dre nep guis na quis-el,
Nouel quenomp entromp, na sellomp quel.

Nous tous de cœur, gens fidèles, Léonais, avec un vrai zèle faisons requête au roi des humains ; bourgeois ni paysans, que nul ne recule d'aucune façon. Chantons Noël, tous, n'y manquons pas.

47. Une coupe différente (7 + 4) se trouve dans la chanson des maçons, B 79 :

Euelhen eu gonit gloal, hac ebat-af.

C'est ainsi qu'on gagne de l'argent et qu'on s'amuse.

Il y en a encore une autre (8 + 3), dans le 38e Noël, str. 461 :

Scriffel, cred-el hel, gant Hel-y, peur fi-er.

(Il est) écrit, croyez (-le) bien, par Elie, très clairement.

Mais on peut soupçonner quelque méprise.

48. Le vers de 12 syll. est coupé au milieu, comme l'alexandrin français. Il a, le plus souvent, une rime intérieure entre la césure et l'avant-dernière syllabe.

Ces vers forment ordinairement des sizains ou des quatrains monorimes ; la *Vie de sainte Nonne* a ces deux groupements. Les quatrains monorimes se trouvent dans d'autres drames en partie perdus, et dans des poèmes religieux, comme le *Mirouer de la Mort*.

La plupart du temps, chaque quatrain du *Mirouer*

est indépendant ; quelquefois la rime finale de l'un est reprise par le suivant ; ou bien elle devient la rime interne principale de son premier vers, ou enfin une rime interne secondaire du premier hémistiche de ce vers. Exemple de ce dernier cas (v. 507 ; le quatrain précédent est sur la rime *i*) :

> **Bezaff puri-*fi-el*, ne galles que*l cret* henn.**
> **Tu ne pourrais pas être purifié, crois-le.**

Le vieux français faisait également usage de quatrains d'alexandrins dans de petits poèmes édifiants ; on en composait même en latin, comme la « Chanson contre le mariage » publiée par Edélestand du Méril. *Poésies populaires latines du moyen âge*, Paris, 1847, p. 179-187.

Au Noël 4, 2 alexandrins sont suivis de 4 vers de 6 syll., dont les 3 premiers peuvent presque toujours n'en faire qu'un de 18 syll. ; il peut arriver aussi que ces 4 vers forment un quatrain monorime (str. 69), ou que les deux derniers doivent se joindre en un alexandrin sur la rime précédente (str. 70). Le Noël 11 offre encore une variante de ce dernier type, où l'alexandrin final (coupé en deux) ne rime qu'intérieurement au précédent (str. 145, 146).

Les Noëls 6 et 7 sont entièrement coupés en lignes de 6 syll. ; le 1er couplet doit être un refrain ; au commencement des autres, il faut assembler les premières lignes en 2 alexandrins.

49. Le vers de 13 syll. est coupé tantôt à la 6e, tantôt à la 7e. Le Noël 42, sur ce type : 6 + 7, 6 + 7, 6 + 6,

6 + 6, rimes plates, est qualifié de « nouveau » ; il doit reproduire un modèle français en alexandrins commençant par la rime féminine.

A la str. 514, le premier vers a une syllabe de moins :

> Un *steren a cren sy a deuri'n Ori-ent*
>
> Drezy vo*r* *try Roue bras em caffas en un croas-hent.*

H. de la Villemarqué a corrigé à tort *deuri* en *deuzi*, qui n'aurait pas de sens (peut-être pensait-il à *deuzie* « serait venu », qui supprimerait la rime). Il faut simplement lire *deuri en* :

> Une étoile de moyenne grandeur, certes, en Orient, ce fut par elle que trois rois se rencontrèrent dans un carrefour.

Le Noël 22, en quatrains monorimes, se chantait sur des airs français. Il présente, à partir de la 2ᵉ strophe, ce rythme : 7 + 6, 7 + 6, 6 + 7, 6 + 7. Exemple du 1ᵉʳ vers :

> Hy en em humi-*li-as* pan cleu*as* an dras-e.
>
> Elle s'humilia en entendant cela.

50. M. Loth ne cite de vers de 14 syll. qu'en breton moderne. Il y en a quelques exemples dans les *Heures*, comme celui-ci (p. 6), qui est très régulier (7 + 7) :

> *An* curun spern *an* casty hac en croas cruci-ffi-et.
>
> (Il souffrit) la couronne d'épines, la passion, et (fut) en croix crucifié.

51. Le vers de 15 syll. est coupé à la 8ᵉ, Noëls 17 et 35 (triades monorimes) :

Greomp enor ha gloar da Mar-y ha meu-leu-dy an muy-
[haff.

Rendons honneur et gloire à Marie, et la plus grande
louange.

Nous avons parlé, § 29, de vers pouvant être formés
de 5 + 5 + 5 syll.

52. Le vers de 16 syll., coupé à la 8e, se trouve au
Noël 36, en distiques :

Saluet vihomp, mar queromp, oll, den a ve foll mar em
[coll-e.

Nous serons sauvés, tous, si nous voulons ; l'homme
serait fou s'il se perdait.

Ce distique est suivi, au Noël 39, d'un vers de 18 syll.
(5 + 5, + 8), où la rime finale devient rime intérieure,
et d'un vers de 8 syll. rimant avec le précédent.

Il y a aussi, dans les pièces dramatiques, des vers de
16 syll., écrits en 2 lignes.

Nous en avons vu une autre espèce (5 + 6, + 5), § 31.

53. Le vers de 17 syll., coupé à la 10e (4 + 6, + 7),
se trouve au Noël 33 :

Goude an poan, han doan han huan-al a prepa-ral don
[tad-ou.

Après la peine, et le chagrin et les soupirs qui furent
réservés à nos pères.

Ce vers est accompagné d'un autre de 18 ou de
17 syll., puis viennent 2 vers de 10 syll. dont le premier a pour rime interne la finale précédente.

Sur le Noël 41, où l'on peut être tenté d'admettre
des vers de 17 syll. (8 + 9), voir § 28.

On a vu encore, § 32, la possibilité d'un vers ternaire (6 + 6, + 5).

54. Le 8ᵉ cantique du *Doctrinal* est en vers de 17 syll., coupés tantôt à la 8ᵉ, tantôt à la 9ᵉ :

Vr *Pab* hep *ab-ec* reneg-*al* ar quenta *tal* eus an oll *stad-ou...*
Ila c'hoaz d'an *tul* ur persecut-*eur* à rea bep *eur* cals
                           [mal*eur*-iou.

Un pape sans motif renégat, le premier père de tous les Etats... et encore un persécuteur des gens, qui faisait à toute heure beaucoup de maux.

La série ordinaire est : 8 + 9, 8 + 9, 9 + 8, 9 + 8. Même dans les hémistiches de 9 syll., la rime interne peut être à la 3ᵉ (cf. § 39) ; str. 2 :

A vevo bag*ol* ha j*ol-is*, d'am di*vis* me em convert*iss-o*.
(Je) vivrai gaillard et joyeux ; à (l'heure de) mon choix je me convertirai.

Ces vers se dédoublent parfois, le premier hémistiche rimant avec la finale et non avec l'avant-dernière syllabe du second. Cela arrive à tous les vers de la 1ʳᵉ strophe, qui forme même un huitain monorime, et de la 3ᵉ, qui font un quatrain en *el* et un autre en *i* ; aux deux premiers vers de la str. 23, et aux deux derniers de la str. 20, qui donnent quelquefois un quatrain monorime ; enfin, au vers 1 des str. 7, 8 et 16.

55. Les anciens Bretons ne se contentaient pas d'atteindre ainsi l'extrême limite du nombre de syllabes que peut comporter le vers d'Homère et de Virgile : nous avons vu qu'ils en avaient de 18 syllabes.

Ceux du Noël 33 sont coupés à la 10ᵉ, avec césure secondaire à la 4ᵉ :

Maz voc leuzr*et* digant Roue'n *bel sed-er* an Eal, messaig*er*
[ant*er*-in.

Si bien que fut envoyé par le roi du monde, certes, un ange, messager fidèle.

Ceux du Noël 39 sont ainsi formés : 5 + 5, + 8 :

Try diouz Ori-*ent*, hep *fent*, *ent-ent-et* a deuz de gue-l*et*.
[cred-*et* se.

Trois (rois) d'Orient, sans mentir, comprenez, vinrent le voir, croyez cela.

56. On n'allait pas plus loin, sur le papier, ce qui eût été d'ailleurs peu commode.

Mais nous avons parlé, § 30, de la possibilité de scander certains vers de 20 syll., = 5 + 5 + 5, + 5.

Une autre variété (4 + 6, + 4 + 6) se montre dans deux vers de *Sainte Nonne* écrits en quatre lignes; voici le premier (v. 233) :

Contant of *net* bepr*et* da compr*et* poa*n*
joa a-meux gla*n* pa hoz eux diougan-et.

Je veux bien prendre toujours ces peines, et suis heureuse de votre promesse.

C'est le rythme du Noël 30 (§ 41).

57. Nous avons vu, de même, des vers de 22 syll. (5 + 6, + 5 + 6), § 31.

58. Quant à ceux de 25 syll. (6 + 6, + 6 + 7), il y a, pour ne pas les accepter comme tels et n'en prendre que la moitié, une raison donnée au § 28.

V

Quelques vers suivant les deux systèmes ; trois formes bretonnes de « *La Chanson des Chênes.* »

59. La comparaison des deux systèmes, ancien et nouveau, de versification bretonne appliqués à un seul texte par le même auteur, ne peut se faire jusqu'ici que dans *Preludão de amor*, poésie de Camoëns publiée par M. Xavier da Cunha, Lisbonne, 1893, avec des traductions dans beaucoup de langues, parmi lesquelles j'en ai risqué une en breton contemporain du poète portugais (XVI° siècle) et une dans le dialecte actuel de Tréguier.

La version en breton moyen est formée de quatrains de vers de 10 syll. coupés au milieu, sur rimes plates, dont la dernière devient la rime intérieure du premier vers du couplet suivant. On a vu que l'usage était de rattacher ainsi deux autres vers : le 2° et le 3° de chaque quatrain.

60. L'obligeance de mon excellent collègue M. A. Le Braz me permet de reproduire ici, avec la gracieuse autorisation de ses éditeurs, une de ses plus belles poésies françaises, « La Chanson des Chênes », en y

ajoutant une traduction en breton moyen et une autre dans les deux principaux dialectes modernes. J'ai gardé la mesure et le rythme de l'original, modifiant seulement la disposition des rimes.

Les nos ajoutés aux strophes faciliteront les comparaisons.

I. — La chanson des chênes.

Chantez aux enfants la chanson des chênes !

1. Nous avons poussé, les beaux arbres verts,
    Libres au soleil, dans les forêts franches.
    Une âpre santé fleurit dans nos branches ;
    Nous buvons à même aux cieux grands ouverts
        Le sang de nos veines.
    Chantez aux enfants la chanson des chênes !

2. Nous avons saigné par bien des endroits,
    Quand les vents jaloux nous livraient bataille ;
    Mais ils n'ont pas pu courber notre taille ;
    Nos cœurs sont intacts, nos fronts restent droits,
        Nos cimes, hautaines.
    Chantez aux enfants la chanson des chênes !

3. Nous sommes debout, les vents ont passé.
    Le courroux des vents ne dure qu'une heure,
    La force du chêne à jamais demeure...
    Nous avons grandi, nous avons poussé,
        Sans peurs et sans haines.
    Chantez aux enfants la chanson des chênes !

4. Nous avons souffert, nous avons aimé...
    O nature immense au multiple ventre,
    Mère dont tout sort, mère en qui tout rentre,
    Dans ton vaste sein nous avons semé
        Les robustes graines.
    Chantez aux enfants la chanson des chênes !

5. Nous avons vieilli, les beaux arbres noirs,
    Que les blancs hivers ont vêtus de givre ;
    Contents de mourir, mais non las de vivre,
    De l'auguste paix qui remplit les soirs
        Nos âmes sont pleines.
    Chantez aux enfants la chanson des chênes !

A. LE BRAZ [1].

[1]. Extrait de *La Chanson de la Bretagne*, Paris, chez Calmann-Lévy.

II. — Canauenn an deru[1].

Can dan re vihan canauenn an deru !

1. Ny, guez glas a choas, a didyffas scaff
   Dreau enn heaul, dianc, franc en coat stancquaff ;
   Serz enn e nerz bras hon corff cras a saff,
   Ny eff en neff splann an goat an glanhaff
         Tomm ennomp a veru.
   Can dan re vihan canauenn an deru !

2. A puill ez scuillat hon bouyllat goat pur
   Gant tempest estlam voe lam dilam, sur,
   Hep plegaff auat meudat hon statur ;
   Hon tal so calet, net hon coudet fur,
         Hon blein assur, feru.
   Can dan re vihan canauenn an deru !

3. Oz hars omp oarsaff, an auel tauas.
   Stourm meur un heuruez, pep guez ez coezas,
   Pan man hon hanbout pep rout hep bout las ;
   Neubeut ha neubeut eu deut hon squeut bras
         Hep aoun, hep cas hueru.
   Can dan re vihan canauenn an deru !

4. Goude doen poeniou, joaiou gnou louen
   Gant coant carantez hon bez bet rez plen ;
   Mam pep tra, Natur, daz crocaduryen
   Aselez ha bez don, hat fonn eux hon gouen
         Az voe creff enn cru.
   Can dan re vihan canauenn an deru !

5. Dre stir hirhoazly ez duy en diuez
   Guenn cann dren yen reu hon bleu teu euez ;
   Deruenn loet pe du ne queff tru buhez :
   Tochor, e peoch goar cloar abardahez
         Hep anoaez ez meru.
   Can dan re vihan canauenn an deru !

1. On peut voir l'explication et l'histoire sommaire de chaque
mot, avec indication des principaux textes où il se trouve, dans
le *Dictionnaire étymologique du breton moyen* qui suit mon édition
du *Mystère de sainte Barbe*, Nantes, 1885 1887, et dans mon *Glos-
saire moyen-breton*, 2ᵉ édit., Paris, 1895-1896.

III. — La chanson des chênes.

Chante aux petits la chanson des chênes !

1. Nous, beaux chênes verdoyants, avons poussé aisément,
Gais au soleil, sans entraves, libres dans le bois le plus
[épais ;
Droit, dans sa grande force notre corps sec s'élève,
Nous buvons dans le ciel brillant le sang le plus pur
Qui, chaud, en nous bouillonne.
Chante aux petits la chanson des chênes !

2. Abondamment fut répandu le flot de notre noble sang
Par la tempête déchaînée qui se lançait, s'élançait, bien
Mais sans courber un pouce de notre taille :   [sûr,
Notre front est dur, sans tache est notre esprit sage,
Notre cime assurée, hautaine.
Chante aux petits la chanson des chênes !

3. Fermes, nous sommes debout ; le vent s'est tu.
Violent orage d'une heure, chaque fois il est tombé,
Alors que notre existence demeure à tous égards intacte ;
Peu à peu notre ombre est devenue grande
Sans peur, sans haine amère.
Chante aux petits la chanson des chênes !

4. Après avoir souffert les peines, des joies, franchement
[heureux
Avec le charmant amour, nous en avons eu, c'est bien
Mère de tout, Nature, pour les enfants   [juste ;
Sein et tombeau profond, le germe de notre race,
Vigoureux, tu le reçus dans le sillon.   [abondant,
Chante aux petits la chanson des chênes !

5. A force de long âge, ils deviendront enfin,
Tout blancs de givre froid, nos cheveux épais, eux aussi :
Un chêne, chenu ou noir, ne trouve pas la vie misérable :
A bout de forces, dans la douce paix du soir tiède
Sans chagrin il meurt.
Chante aux petits la chanson des chênes !

IV. — Kanaouenn an derv.

Traduction en breton de Léon [1].

Klevit, bugale, kanaouenn an derv !

1. Ni zo diwanet, ni ar gwez kaer glas,
    Dizalc'h, ouz an heol, kreiz ar c'hoajou bras;
    Gant eur yec'hed kras hor skourrou a goeñv;
    Dioc'h an oabl Doue sunet, eur gwad kreñv
        'N hor gwazied a verv.
    Klevit, bugale, kanaouenn an derv !

2. Ni hon eus gwadet dre veur a c'houli,
    Naouspet avel yud ouzompo stourmi ;
    Plega hor c'hein-ni n'o deus ket gallet :
    Divoulc'h hor c'haloun, hor penn 'choum kalet,
        Hon tal sounn ha ferv.
    Klevit, bugale, kanaouenn an derv !

3. C'hoaz emomp war-zav, int 'zo aet ebiou.
    Eun eurvez e pad broez 'n aveliou,
    Nerz an dervennou 'vez seder dalc'hmat ;
    Ni 'zo diwanet, deut da varr hon oad
        Hep aoun na kas c'houerv.
    Klevit, bugale, kanaouenn an derv !

4. Goude poan, dudi ar garantez pur.
    C'houi, kavel ha bez da bep krouadur,
    Mamm an holl, Natur, 'n hoc'h askre ec'hon
    Greun start hor bleuñ zart hon eus skuilhet founn
        D'adsevel en erv.
    Klevit, bugale, kanaouenn an derv !

5. Ni a zo deut koz, ar gwez du huel,
    Gant ar gwañvou gwenn gwisket a riel ;
    Hep keuz da vervel, hep nec'h o veva,
    'Ma leiz hon ene sioulder ar c'houeka,
        Peoc'h meur an enderv.
    Klevit, bugale, kanaouenn an derv !

1. Dans ce texte et dans le suivant j'ai, par une imitation discrète de l'ancienne rime intérieure, fait rimer l'hémistiche du 3ᵉ vers à la finale des précédents.

V. — Kañnen en derù.

Traduction en breton de Vannes.

Kleuet, bugalé, kañnen braù en derù !

1. Ni zo kelidet, ni er gué kaer glas,
   Dijabl, doh en héaul, kreiz er hoèdeu bras :
   Get ur yched kraz hon bareu e foinù ;
   A ébr en amzér é sunamb goed krinù
       'N hon goahiad e verù.
   Kleuet, bugalé, kañnen braù en derù !

2. Ni hon es goèdet dré mar a houli,
   Skoeit a dauleu rust d'en aùélieu kri ;
   Neoah hon hein-ni n'ou des ket pléget :
   Divoulh hon halon, hon pen 'chom kalet,
       Hon tal sonn ha ferù.
   Kleuet, bugalé, kañnen braù en derù !

3. Hoah é homb ar saù ; taùet ou arfleu.
   Un ériad koùnar ou dé 'n harnañeu,
   Nerh en derùenneu e zo dalbéh guiù ;
   Ni 'zo kelidet, én hon mend arriù
       Hemb spont, na kas huerù.
   Kleuet, bugalé, kañnen braù en derù !

4. Arlerh poén, hon boé joé 'r garanté pur.
   Hui, kavel ha bé eit pep kroéadur,
   Mam en ol, Natur, én hou kreiz fonnus
   Hon es a hon bleu skuilhet gran nerhus
       De nérein én erù.
   Kleuet, bugalé, kañnen braù en derù !

5. Deit omb de vout kouh, er gué kaer lioél,
   Get rèu gouiañneu guen hon bléu ihuél ;
   Hemb chif é verùel, ni viù dibredér
   Ha leih hon incan en huekan chouldér,
       Peah don en anderù.
   Kleuet, bugalé, kañnen braù en derù !

Deux autres poésies : *L'Élégie de Gray ;*
A la mémoire de Marguerite Philippe.

A Madame Mosher, Bretonne d'Amérique
Qui nous aime là-bas, par delà les flots bleus,
Un de ses petits-fils, Poitevin d'Armorique,
Offre humblement ses vers, et sa prose et ses vœux.

61. La littérature anglaise n'a pas, dans son riche écrin poétique, de joyau plus pur que l'*Elegy written in a country church-yard* de Thomas Gray, qui fort heureusement n'a pas eu le sort des perles dont parle une de ses strophes et qui restent à jamais cachées au fond de l'océan[1]. Cette Elégie figure dans toutes les Anthologies, aussi suffira-t-il d'en citer quatre vers, avec leur traduction galloise, d'après les *Gems of english verse,* Carmarthen, 1853, p. 34, 35 :

Large was his bounty, and his soul sincere,
Heaven did a recompense as largely send :
He gave to misery all he had — a tear,
He gained from heaven ('twas all he wished) a friend.

Ce sont des vers de 10 syllabes sans césure fixe, à rimes croisées ; le rythme est iambique, un accent

---

1. Cette belle image paraît empruntée à un vers grec du pape Urbain VIII, comme le remarque M. G. de la Quesnerie, p. 33 de son utile édition de l'*Elegy* (dans cette citation, βυσσός est une faute pour βυθός).

tonique frappant toutes les syllabes de nombre pair. Les *e* muets peuvent être remplacés par une apostrophe, dans *mis'ry, gain'd, heav'n, wish'd.*

Les vers gallois correspondants sont à rimes plates; ils ont 15 syllabes coupées à la 8e, comme nous en avons vu en moyen breton; pour compléter la ressemblance, ils ont des rimes intérieures, ornement que l'auteur, D. Davies, ne s'est pas attaché à mettre partout ailleurs :

Hael ei galon, rhwydd ei roddion, heb ddibenion gweigion
Rhoes Rhagluniaeth daledigaeth yma'n helaeth i'w [gau,
Odosturi i drueni, fe roi allai — dagrau 'n li; [mwynhau :
Gan y nefoedd fe dderbyniodd, a ddymunodd, cyfaill cu.

Cette pièce a été traduite ou imitée par plusieurs poètes français. A la fin de son *Choix de poésies* de Th. Gray, Paris, 1887, M. E. Legouis a reproduit la version de Marie-Joseph Chénier, auquel il reproche avec raison de n'avoir pas suivi la forme de l'original (stances à rimes croisées).

La même critique ne peut pas s'appliquer à une traduction, moins élégante d'ailleurs, qui termine singulièrement le livre intitulé : *La lyre américaine, traductions libres de Longfellow en vers* par Athanase Forest, Tours, 1872, p. 59-63.

Le croisement des rimes n'étant pas admis par l'ancienne versification bretonne, je n'ai suivi en cela l'original que dans ma traduction en vers modernes.

Mes anciens alexandrins de nombre pair passent leur rime finale à l'intérieur du vers suivant, sauf devant une des divisions que j'ai introduites dans la pièce; en ce cas, la rime finale est reprise.

1° *Traduction en moyen breton.*

Guers caffuous

GROAET EN UN BEZRET OAR AN MAES.

I

1. An cuerfe gant queinuan a can gourfenn an dez,
   Scuyz dan kaer ez a'n biu a striff, o maestr iuez ;
   Me men goude'n dezuez, dan abardahez clos,
   Enn bet het ha ledan ma unan gant an nos.

5. Enn heuelep repos, pell hac enn hogosder,
   Maesou tnou knech han neff a teu, quen ne cleuer
   Nemet an huyl bouder a tro enn aer gant taerdet,
   Gront un cloch [1] vahont, trous douczic a ra cousquet.

9. Hac enn tour coz crennet, sonn, gant del gronnet teu,
   Garm an couhenn a cry dan loar guenn, enn ilyeu.

1. Le texte porte : « And drowsy tinklings lull the distant
folds », et des tintements assoupissants invitent au sommeil les
lointains bercails. Suivant M. de la Quesnerie, il s'agit du bruit
des cloches ; d'après M. Legouis, c'est « le son de la clochette,
attachée en général au cou du plus vieux mouton de chaque trou-
peau ». Le Tourneur, dans sa traduction en prose qui suit celle
des *Nuits d'Young* (Paris, 1834) et Chénier, dans sa version poétique, omettent tout simplement ce vers. M. A. Forest le rend
ainsi :

Et, loin de moi, gémir les sons mourants du cor ;

ce qui semble provenir du vers 19, où « the echoing horn », le
cor retentissant, a été remplacé par « la meute aboyante ». Avec
la traduction galloise nous revenons à nos moutons, d'une façon
inattendue :

A rhyw ddadwrdd pell o'r gorlan, gan y praidd yn curo eu cyrn

« Et un bruit lointain du parc, avec les troupeaux qui heurtent

2° Traduction française du texte précédent.

Chant de deuil
FAIT DANS UN CIMETIÈRE DE VILLAGE.

I

1. Le couvre-feu en gémissant chante la fin du jour ;
   Fatiguées, les vaches reviennent au logis avec effort,
                                          [leur maître aussi :
   Je reste après la journée, à la brune du soir,
   Dans le monde au long et au large, seul avec la nuit.

5. En un même repos, au loin et dans le voisinage,
   Les champs en haut, en bas, et le ciel se taisent, si
                                          [bien qu'on n'entend
   Que l'escarbot bourdonnant qui tourne en l'air avec
                                          [impétuosité,
   Le grondement d'une cloche là-bas, bruit très doux
                                          [qui fait sommeiller,

9. Et dans la vieille tour découronnée, droite dans son
                                          [épaisse enveloppe de feuilles,
   La clameur du hibou qui crie à la blanche lune, dans
                                          [le lierre,

leurs cornes ». Les cloches viendront, au vers 19, prendre part à
un concert non prévu par Gray :

Na chorn helwyr, bloedd medelwyr, clych, taranau, na dae' rgrŷn

« Ni cor de chasseurs, cri de moissonneurs, cloches, tonnerres,
ni tremblement de terre ». La traduction russe de Joukovski (1802),
en vers iambiques alternativement de 13 et de 12 syllabes, à rimes
croisées, a les cors aux deux passages : « Lich' slychitsa vdali
rogov unalyï zvon », on entend vaguement au loin le son affaibli
des cors, et « ni zvutchnyï gul rogov », ni le clair retentissement
des cors.

Enfin, dans la traduction latine en distiques élégiaques impri-
mée à Cambridge, le premier passage n'est pas plus explicite que
le texte :

Voxve ea longinquas tinnula sopit oves.

Le second est aussi exact : « Vel cornibus adstrepat echo ».

Ouz nep a tribuill gref, eff den beu ha scuen,
An peuch clouar dispar oar doar tut maru a ren.

II

13. Dindan eulech, hau pin, pe e queffin iuinen,
     En lech enn grean sech ez seff meur a knechen,
     Stanq etre pemp planquenn ez hun, tenn astennet,
     Tadou 'n ploe voe leal guez aral tut calet.

17. Galu an auel apret pan huyban a het space,
     Cholory, dreist an ty, mil guinnily dilace,
     Can an coq, nan corn chace enn place ace a daczon,
     Quen no tennint, hep gou, eux o gueleou don.

21. Euile quen, calon guiryou he goasoniez,
     Gruec ne queguin striuant vaillant gant carantez ;
     Cry diduy bugalez pa arriu tal ne uez muy :
     Hiny, de gliu pignet, ne balbouz : Poquet d'i !

III

25. En tro do fals cals et so bet medet defry ;
     O souchou dir enn tir a gueureu hir iruy ;
     Peguen drant ez cant y gant quirry, binhuyou,
     Da trouchaff cref treuat, foenn enn prat, ha coadou !

29. Na hoarz quet do felou, autrou diaznaoudec,
     Do ioa na do trauell uffel ; pautr auelec,
     Na gra goap hep abec an bec a prezec goar
     Oar ystoar clouaraff tut abaff disaffar.

Contre celui qui trouble gravement, lui homme vivant
[et vigoureux,
La paix tiède sans égale qui règne sur la terre des
[morts.

II

13. Sous les ormes et les pins, ou auprès d'un if,
Là où dans le gravier s'élèvent plusieurs monticules,
Étroitement entre cinq planches dorment, étendus
[raides,
Les ancêtres du village qui furent, certes, autrefois de
[rudes hommes.

17. L'appel du vent matinal quand il siffle par intervalles,
Le gazouillis, au-dessus du logis, de mille hirondelles
[agiles,
Le chant du coq, ni le cri des chiens dans le lieu qui
[retentit fortement,
Ne les tireront plus, sans mentir, de leurs lits profonds.

21. Pour eux jamais plus, cœur fidèle en sa soumission,
Femme ne cuisinera zélée, courageuse, avec amour;
Le cri de joie des enfants quand le père arrive, ne sera
[plus;
Aucun, à son genou grimpé, ne balbutiera : Embrassez-
[moi !

III

25. Autour de leur faux beaucoup de blé a été moissonné,
[certes ;
Leurs socs d'acier dans la terre firent de longs sillons ;
Qu'ils allaient gaiment avec charrettes, instruments,
Couper vigoureusement la récolte, le foin dans le pré,
[et les bois !

29. Ne ris pas de leurs occupations, citadin ingrat,
De leur joie ni de leur souci peu élevés ; jeune vaniteux,
Ne raille pas sans motif la bouche qui parle doucement
Sur l'histoire toute simple de gens timides et sans
[bruit.

33. Quenet huec, vaenegloar, armou oar scoet, hoary,
    Renq quentaff, aour a fonn, nerz ha berz, brasony,
    Dez arhoaz hep fazy ho guel huy en diuez ;
    Oz hent meur so peur splann ne re nemet dan bez.

37. Na gra iuez carez deze, dre ne uez quel
    A pres gant does cosquor o memor enoret,
    Holl golou enaouet enn ilis carguet tenn,
    He mein oz queinyff brau gant coantaff canauenn.

41. Scrit en men, mabr ha prenn en goez den plen benet,
    De corff ac y daezorch huez buhez diforchet ?
    Stir guiryou golouet ha dre splet a hethe
    Gant meurbet meuledy, poultric quic maru, dide ?

45. Enn bezret cuzel se, martese ezedy
    Un calon hael, elueun tan beu an neff enny ;
    Den a galse creguy en cedr gant belly roe
    Pe en querdenn telenu, barz marzus, hep enoe :

49. Nemet e goelet ploe, allas Doe ! ne voe quel
    Piz leffrou gouyzyee deze huec displeguet ;
    Goall scorn en corn oalet a sclace net an eleu,
    Gant an dieznes yen ez meru flam beru enef.

53. A pet perles spes cref euel preff gueleuyal
    So en fos clos oscur condou an mor, sur mat !
    Pet bleuzff coant ne guelat dre lagat gour gat soez !
    Mistr y streu enn distro o squet net hac o huez.

33. Beauté charmante, vaine gloire, armes sur écus,
[hochets,
Premier rang, or qui abonde, force et prospérité,
[orgueil,
Le jour de demain, sans faute, vous guette à la fin :
Votre grand chemin, qui est si brillant, ne mène qu'à
[la tombe.

37. Ne leur fais pas non plus reproche, de ce qu'on ne
[voie pas
Avec empressement par un épais cortège leur mémoire
[honorée,
Toutes lumières allumées dans l'église entièrement
[pleine,
Dont les pierres gémissent bellement du chant le plus
[harmonieux.

41. Inscription sur la pierre, marbre et bois sculptés en
[forme humaine,
Rallument-ils en son corps le souffle de vie échappé ?
L'effort de l'éloquence peut-il réussir à te plaire
A force de louanges, chétive poussière de chair morte?

45. Dans ce cimetière caché, peut-être se trouve [du ciel :
Un cœur généreux, ayant en lui une étincelle du feu vif
Un homme qui eût pu saisir le sceptre avec l'autorité
[d'un roi,
Ou les cordes de la harpe, poète merveilleux, sans
[embarras ;

49. Mais au fond de la campagne, hélas, mon Dieu ! ne
[furent pas
De soigneux livres savants expliqués à eux nettement ;
La terrible glace au coin du foyer gèle net le tison,
Par la misère froide meurt la flamme brûlante de l'âme.

53. Que de perles radieuses comme le ver luisant
Sont dans la fosse obscurément close de l'abîme des
[mers, bien sûr !
Que de fleurs jolies par aucun œil humain n'ont été
[vues avec admiration !
Gentiment elles répandent dans le désert leur pur
[éclat et leur parfum.

IV

57.　Un Caton fier kaeric, die gant quisidiguez,
　　Ouz cabestr maestric rep a stourmas hep nep mez,
　　Pe un Ciceron fraez mut, so vase bezhael,
　　Piu goar? pe un Cesar hep gloar, voe en peuch parfet [1].

61.　Gat un senat badet bout cleuet, meulet cazr,
　　Faezall scall pep tra fall dre 'n elezell ha'n alazr;
　　Quemenn uhel : Que, lazr azrouant, diouz ma tro!
　　Lenn gae ioae 'n holl strollou de fetou a gnouo,

65.　Berset voe se dezo; o stal paour a trochas
　　Griziou seler vertuziou, vicc haer ha crimou bras,
　　Euel dre cas azcas mont bel un tron assur
　　A treux goat, hep bryal an truez mal natur;

---

1. Pour être plus facilement compris des Bretons, j'ai repris ici
la première idée de l'auteur, qui remplaça ensuite ces souvenirs
de l'antiquité classique par des noms pris à l'histoire moderne de
sa nation : Hampden, Milton et Cromwell. En imitant ce passage
dans son élégie : « Le jour des morts dans une campagne », Fon-
tanes y a introduit des personnages français :

　　Un pâtre, un laboureur, un fermier vertueux
　　Sous ces pierres sans art, tranquillement sommeille.
　　Elles couvrent peut-être un Turenne, un Corneille,
　　Qui dans l'ombre a vécu, de lui-même ignoré.

De Cellier a traduit ceci en vers latins (*Hermes romanus*, 2ᵉ éd.,
Paris, 1817, t. I, p. 250), sans y rétablir de noms romains :

　　Agricola, aut pastor, vel crimine purus ab omni
　　Villicus hâc placidam carpit sub mole quietem.
　　Quis scit an obscurâ perfunctus sorte Turennus,
　　Ignotusve sibi lateat Cornelius alter ?

Dans son poème « La Mélancolie », Legouvé, qui s'est souvenu

IV

57. Un fier Caton de village, juste avec scrupule,
Qui contre le joug d'un petit maître méchant lutta sans
[aucune honte,
Ou un Cicéron éloquent, muet, est là enseveli,
Qui sait ? ou un César sans gloire, qui fut parfaite-
[ment paisible,

61. Par un Sénat enthousiasmé être écouté, applaudi ;
Vaincre facilement toute chose mauvaise, par l'épée
[et la charrue ;
Ordonner hautement : Va, brigand, ennemi, loin de
[moi !
Lire gaiment la joie de toutes les foules, pour ses
[hauts faits qui brilleront aux yeux.

65. Cela leur fut interdit ; leur état de pauvreté coupa
Les racines d'éclatantes vertus, de vice vil et de grands
[crimes,
Comme d'aller, par un forfait odieux, jusqu'à un
[trône assuré
A travers le sang, sans égard pour la bonne pitié
[naturelle :

de Gray, relève autrement le mérite des humbles travailleurs, en
l'opposant à la nullité fastueuse de certains grands personnages :

Salut, cendre du pauvre ! Ah ! ce respect l'est dû.
Souvent ceux dont le marbre immense et solitaire,
D'un vain poids après eux fatigue encor la terre,
Ne firent que changer de mort dans le tombeau ;
Toi, chacun de tes jours fut un bienfait nouveau.

Ceci a été traduit dans les « Essais de poésie latine par E. Beau-
frère », nouv. éd. Paris 1872, p. 211, 213 :

Cineres hominis salvete modesti
Pauperis ! Hæc vobis debetur gratia. Sæpe
Tegmine marmoreo tumulus quos obruit ingens,...
Ollis vita nihil nisi mors erat ipsa...
Tibi, Rustice, contrà,
Vitæ nulla dies effluxit inutilis.

69. Quen ne renesont en eur euzaff auantur fall,
     Coulf taul hec diegar, ach glachar, ruz oar tal ;
     Pe proff doff gant scandal dun sot strantal ha lie
     Guersou gou meuleudy, drezedy pinuizic.

73. Pell eux a reux euzic un tourny milliguel,   [poazet :
     Gant hoant gloar bresq bescoaz n'oant dre an anoaz
     A het hent goasquedet, net a fet couuetis,
     Fest modest hep estlam voe dinam o ampris.

77. Rac aon bezaff affet dispriset dre 'n bedis,
     Tut munut astudie, oar o bezic diguis
     Ez uez aruoez isquis a pris isel, dister.
     A menn diouz tremenial huanat hep affer.

81. Hanu, oat, guers groaet seder dre rimer berr speret
     Plat a treux, no deux quen can clem, embann en bet ;
     Eux an Leffr sacr queffret eu scriuet meur quetel
     Dan holl, reolyou cougant buez rez, maru santel.

85. Er pan ranquer meruell, coll dan holl padelez
     Syoul mie enn toull du, ioa ha poan an buhez,
     Piu leshe leuenez dez toem an bet quaez man
     Oar e lerch hep derchell, pell, e sell gant goeluan ?

89. Ny fiz glan en unan coull ha doan ahanomp :
     Diouz calon mignon mat gat clem pa quemyadomp
     Dan goanac ez stagomp, so martese trompus.
     Ez cleuhomp tost don bez leff un moez truezus.

69. Aussi n'eurent-ils pas à cacher avec angoisse une aven-
[ture terrible,
Le souvenir d'un coup affreux, impitoyable, ô dou-
[leur ! le rouge sur le front,
Ou à offrir servilement, avec scandale, à un sot étourdi
[et sensuel
Des vers de louange mensongère, à cause de sa richesse.

73. Loin du tumulte horrible d'une lutte maudite,
Par le désir d'une gloire fragile jamais ils ne furent
[brûlés de dépit ;
Le long d'un chemin abrité, purs de toute ambition,
Toute modeste, sans fracas, fut leur carrière innocente.

V

77. De peur d'être tout à fait méprisés des humains,
Pauvres gens chétifs, sur leur petite tombe informe
Il y a un monument étrange, de peu de prix, mesquin,
Qui demande au passant un soupir, sans retard.

81. Nom, âge, vers composés sûrement par un rimeur
[d'esprit médiocre,
Platement, de travers, ils n'ont pas d'autre élégie,
[aucun autre panégyrique ;
Du Livre saint on a aussi écrit plusieurs sentences
Pour tous, règles substantielles de la vie droite et de
[la sainte mort.

85. Car quand il faut mourir, perdre à tout jamais,
Absolument silencieux dans le trou noir, la joie et la
[peine de la vie,
Qui est-ce qui laisserait l'allégresse du jour chaleureux
[de ce cher monde
Sans tenir derrière soi, longtemps, un regard plein
[de pleurs ?

89. Nous confions tous à quelqu'un le souvenir et le regret
[de nous-mêmes :
Au cœur d'un tendre ami quand nous disons pénible-
[ment adieu
Nous nous attachons à l'espoir, qui est peut-être
[trompeur,
D'entendre auprès de notre tombe la plainte d'une
[voix émue.

VI

93. Te, barz, so oz doen enep dan tut astut hep rus
Beu ha maru eneq en cuz ; mar car den verluzus
Quen simpl ha te dre us ha melconyus cre
Clasq lem en pep memoar ystoar oar da doare,

97. Un coz loet a galhe neuse respont dezaff :
« Ny ploeis lies mat en sellas gat troat scaff
Da poent an dez quentaff oz scubaff gliz, da mont
Oar an bre, an saff heaul pa tarz en un taul pront.

101. « Dindan an fauenn hont a plec he bec ront crom,
Nezet he griziou cre enn car, e care chom
Pa scuill creis dez a plom, un som, e holl tomder,
Da arhuest dour ret, ledet het e corff dibreder.

105. « Tost dan coat man, gant aer goapaer hueru oz
Ha comps en un hunvre, e balee hep fin ;   [huerzin
Pe stoeet e tal blin, e guis den dispy net,
E unan oar an doar, a car plach nen car quet.

109. « Allas, en lech boaset un dez n'oa caffet quen,
Oar an run, en gueun mau na dindan an fauenn ;
Un eil lem a tremen, ha hoaz enn pradenn glas
Na knech enn rechier serz negun querz nen merzas.

113. « An trede, me guelas e doen gant lit hasou
De annez diuezaff goestat gat can catfou ;

VI

93. Toi, poète, qui honores les humbles gens sans détour
Qui vivent et meurent à l'étroit dans l'ombre ; si un
[homme vertueux veut,
Aussi simple de mœurs que toi et très mélancolique,
Chercher au fond de chaque mémoire un renseigne-
[ment sur ton compte,

97. Un vieillard chenu pourrait alors lui répondre :
« Nous, campagnards, bien souvent l'avons regardé,
[d'un pied léger
A la première pointe du jour balayant la rosée, pour
[aller
Sur la colline, quand le soleil levant éclate tout à coup.

101. « Sous ce hêtre là-bas, qui plie sa tête arrondie et courbe,
Et dont les fortes racines sont tordues en l'air, il
[aimait à rester
Quand midi verse d'aplomb, un moment, toute sa
[chaleur,
Pour contempler l'eau courante, étendu de son long,
[insouciant.

105. « Près de ce bois, en riant d'un air moqueur et amer
Et parlant dans une rêverie, il se promenait sans cesse ;
Ou bien penchant son front las, comme un homme
[sans aucune espérance,
Seul sur la terre, aimant celle qui ne l'aime pas.

109. « Hélas ! au lieu accoutumé, un jour on ne le trouvait
[plus,
Sur le coteau, dans la plaine agréable, ni sous le hêtre ;
Un second s'écoule, et encore dans la verte prairie
Ni en haut dans les rochers escarpés, personne, certes,
[ne l'aperçut.

113. « Le troisième jour, je le vis porter avec des rites res-
[pectueux
A sa dernière demeure, lentement, avec un chant de
[deuil ;

Pa ousoch hep faut, autrou, lennit an scridou vez
Tost dan coz spernenn guenn engrauet enn men bez[1] ».

SCRIT BEZ

117. Oar barlen an doar flour unan aman gouruez
Nen deuoe gloat nep tu na brut en e buhez ;
Gant fur Descadurez ez voe aznauezet ;
Melcony voe dezaff un mam querhaff affet.

121. Larg, tener a speret, ne voe nepret hedro ;
Cougant en e andret eo 'n neff bet larg de tro ;
Dazrou dan queiz pan ro (so oll e tensoriou),
En deux bet mignon guir, hep muy e desirou.

125. E dellit ne syou dan tudou na gnouont ;
Gant e eneff queffret oll int aet dan bet hont
Gant spy huec, goude 'n cont pe dirac e sponte,
Chom habasq en asclez e Tat mat hac e Doe.

1. Gray a supprimé ici une strophe où il montrait sa tombe ornée de violettes par des mains inconnues, et égayée par le voisinage des rouges-gorges (*Readings in poetry*, 2ᵉ éd., Londres, 1834, p. 38).

Comme vous êtes lettré, monsieur, lisez les écrits qui
[sont,
Près de la vieille aubépine, gravés dans la pierre
[tombale. »

ÉPITAPHE

117. Sur le giron de la douce terre ici quelqu'un repose
Qui n'eut de fortune nulle part ni de gloire dans sa vie ;
Par la sage Instruction il fut connu ;
La Mélancolie fut pour lui la mère la plus chère.

121. Généreux et bon, son esprit ne fut jamais léger ;
Le ciel a été aussi pour lui très généreux :
Comme il donne aux pauvres des larmes (qui sont
[tous ses trésors),
Il a obtenu un ami véritable ; c'étaient tous ses désirs.

125. Ni son mérite ni ses défauts ne sont connus des
[hommes ;
En même temps que son âme tout cela est allé dans
[l'autre monde
Avec le doux espoir, après le compte à rendre qui le
[faisait trembler,
De reposer en paix au sein de son bon Père et de son
[Dieu.

3ᵉ Traduction de l'Elegy en breton moderne.

Klemgan

SAVET EN EUR VERED WAR AR MÉZ.

I

1. Kloc'h ar c'heulfe a zon kañvou d'an deiz achu ;
   Ar zaoud, en eur vlejal, 'ya gorrek dre 'r brajenn ;
   An lieg skuiz a heuilh hent ar gêr, ha setu
   'C'h on ma-unan er bed gant an Deñvalijenn.

5. Ar méziou a weler 'teuzi 'n eur skeud teñval ;
   Ne glever ken dre-oll. 'barz en èr sioul ha mik,
   'Met nij troidellus ar c'houiled o frañval,
   Pell, duhont, ar c'hleier a rouskan toulouik,

9. Ha war an tour gwisket en eur vantel ilio,
   Ar c'hlemmou grêt d'al loar gant ar gaouan zoñjus
   Ouz an nep a gred dont tost d'he bodig distro
   Da drubuilhañ ar peuc'h 'n he rouantelez kuz.

II

13. Dindan an evlec'h rust, e gwasked 'n ivinenn,
    'Lec'h 'sav an douar-grae gant meur a grec'hiennig,
    E peb a lojig striz ledet, 'kousk da viken
    Ar c'hourdadou kalet eus ar gêriadennig.

17. Aezenn veure, karget a c'houez-vat, pa hiboud,
    Gwennili an dêenn 'mesk ar plouz pa richon,
    Trompilh skiltr ar c'hilhog. na dasson ar c'horn-boud
    N'o zennfont biken mui 'deus o gweleou don.

21. 'Vite en oaled mui biken ne luc'h tan mat ;
    Groeg, d'abardaez, ne ble gant preder d'he labour ;
    Na bugel o redek ne valbouz : Arri tad !
    Pe grapat war e c'hlin, da glask eur pokig flour.

III

25. An est dindan o falz a goueas alies ;
'Lies o aradenn war vouded boc'h 'oe trec'h ;
Pegen zart oant o kas d'ar parkou o harnes !
Pegen stank ar c'hoajou troc'het gant nerz o brec'h !

29. Tud a lorc'h, 'ret ket gwab eus o foaniou frouezus,
Eus o joaiou dister, o buhe plên ha reiz ;
Brazoni, na glev ket gant eur mousc'hoarz faeñs
Istorig pep darvoud c'hoarvet gant an dud keiz.

33. Ardamez engravet, galloud, digorou balc'h,
Kement a ya da heul ar c'hened, an danvez,
An Eur diweza 'c'hed an treo-ze, hag o dalc'h :
Gwenojennou ar c'hloar ne gasont 'met d'ar bez.

37. Tud avelet, n'it ket d'o zamall, na ve ket
Savet en-dro d'o c'horf aroueziou 'n o eñvor,
Na, 'hed an neo-iliz hag ar volz kizellet,
Klevet o tregarni toniou meur a enor.

41. Men-bez gant skrid lorc'hus, men-marb skeudennet
[brav,
Daoust hag i 'c'hall gervel hon c'houeadenn en-dro ?
Daoust ha komzou doujus 'c'hall touch hon poultr a
Pe meuleudi plijout da skouarn yen an Añko ?... [dav,

45. Marteze e c'hourvez el lec'h dilezet-se
Eur galon 'oa enni elvenn tan sakr an neñv ;
Daouarn' c'hallje dougen baz-veli eur roue,
Sevel war an delenn kanaouenn c'houek ha kreñv...

49. 'Met ne displegas ket ar Ouiziegez d'o sell
He leor bras kenteliou a binvika beb eur ;
Gant riou an Dienez 'waske o youl uhel
E skornas 'n o ene froud ter an ijin-meur.

53. Nag a berlez disi lugernus-flamm a van
Dalc'het klos gant ar mor 'n e istonkou divent !
Nag a vleuñ dudius er goulec'h o tiwan
Hep goût da zen, a goll o c'houez-vat e pep gwent !

IV

57. Eur C'haton kouer bennak, 'zalc'has penn hep spontañ
Ouz ar mac'her bihan, alouber e barko ;
Eur Siseron, divrud e brezeg, 'gousk amañ
Marse, pe eur Sezar glan a wad tud e vro.

61. Gant al lezennourien beza selaouet piz
Ha kanmeulet ; trec'her war bep reuz, pep diroll,
Skuilh founder hag eurvad e-touez e genvrôiz,
Lenn joa 'n treo grêt gantañ e lagad an dud holl.

65. Berzet 'voe se oute ; o stad paour a grennas
Grizienn vertuiou splann, torfejou bras ivez ;
A viras oute mont beleg an tron dre 'l laz,
O serri o c'halon da vouez kuñv an druez ;

69. Renkout koach broudou lemm a flemm ar gousliañs,
Ar ruz a deu d'an tal gant ar vez diabarz,
Pe d'ar binvidien lore'hek kinnig ezañs
Entanet gant ar flamm a zev spered ar barz.

73. Pell diouz kanu ha tousmac'h ar re 'glask em zevel,
O c'hoanchou disterik biskoaz ne gantreent ;
A-hed eun draonienn glet, o bevaïg izel
A zalc'has a-zoug kamm, eeun ha didrouz, e hent.

V

77. Da harz diouz dismegañs o eskern, koulskoude,
E vez laket warno eun tamm meneg hep neuz :
Rimouigou iskis pe skeudenn dizoare,
Da c'houl ouz nep ' dremen eun huanad a geuz.

81. Hanv, oad, merket gant son eur barzig hep studi
War o bez, n'o deus ken klemgan nag embanno ;
C'hoaz so, tennet dimeus ar Skritur, meur 'ali
A ro d'ar c'houeriad fur kentel war ar maro.

85. Rak piou, war-nes kouezañ en toull mut 'n Añkouna,
A lezfe ar beva laouen ha glac'harus

O kuitât an deiz tomm a luc'h 'barz er bed-ma,
Hep teurel war e lerc'h eur zell hir añkenius ?

89. 'N ene 'ya kuit 'n em fiz en eur galon dener,
Al lagad en em zerr a c'houl daerou a c'hloaz ;
Beteg e deûn ar bez mouez an Natur 'glever,
Beteg en hon ludu e chom bev hon tan c'hoaz.

VI

93. Ha te, pini gant koun 're 'varv heb enorio
A gont er gwerziou-mañ o doareou habask,
Mar deu unan a gar an Natur en distro,
Eur spered kenvreur d'it, d'ober warnout enklask

97. Eun de ' vo, eur mêziad blev gwenn 'c'hallo respont :
« 'Lies d'ar goulou-deiz hen gwelet hon eus-ni
Pa skube gliz ar prad gant e dreid prim, 'n eur vont
Da ziarbenn an heol 'beg ar roz o skedi.

101. « Ouz troad ar wezen-fao a weler ahont, kromm,
Gwe-diswe ken espar en èr he c'hoz griziou.
Da greiste, gourvezet dizoursi, 'karie chom
O sellet ar waz-dour 'red gant hiboud ebiou.

105. « Kichen ar c'hoad-ze, gwech gant fae o vousc'hoerzin,
'N eur c'hrosvolat geriou hunvreûs, e rè rout ;
Gwech stouet, stumm unan dilezet war e vin,
Pe brevet gant an niñv, pe hep spi o karout.

109. « Eun deiz n'hen gwelis ken war e grec'hienn, 'vel
Er brug, na kennebeut tost d'e wezenn garet ; [boaz,
Hag antronoz vintin arre, e ribl ar waz
Na krec'h war lein ar run, nag er c'hoad, ne oa ket.

113. « An de warlerc'h, 'weljomp gant kan kañvus ha lid
E zougen goustadik eus an iliz d'ar foz ;
Tosta da lenn, p'eo gwir e c'houzout lenn, ar skrid
Garanet war ar men dindan ar spernenn goz. »

SKRID-BEZ.

117. Amañ 'tiskuiz e benn war varlenn an douar
      Eur paotr 'oe d'an Danvez ha d'ar Vrud dianav ;
      Deskadurez ne reas ket fae d'e ouenn dic'hloar,
      Hag evit he bugel Melkoni hen ansav.

121. Frank oa e vadelez, hag e galon didro ;
      'Vitañ 'voe frank an neñv ive 'n e zonezon ;
      Pa rôe d'an dud paour kement en doa : daero,
      Diouz an neñv en deus bet e oll c'hoant : eur mignon.

125. Arabat klask pelloc'h e zellid, d'hen diskuilh,
      Pe furchat e ziou : èt int gant e ine
      A-gevret, gant esper war eun dro ha trubuilh,
      D'chana en askre e Dad hag e Zoue.

62. Dans la pièce suivante[1] j'ai repris et développé librement, en vers bretons modernes, les idées sur l'ancienne tradition armoricaine que j'avais exprimées en prose française dans la brochure « A la mémoire de Marc'harit Phulup, Fête commémorative à Pluzunet le Samedi 10 septembre 1910, Sous la présidence de Madame A. Mosher (*Bretonez Tramor*) », Carhaix, 1910, p. 10, 15. J'ajoute une traduction française, pour que le présent ouvrage ne serve pas seulement à interpréter le langage des vieux morts, qui revit sous une autre forme chez leurs descendants. Comme on lit dans le *Barzaz Breiz* (p. 521),

> Ar wezen goz a zo pilet,...
> Koulskoude meur a blant iaouank
> A jomm war he lerc'h stank-ha-stank.

« Le vieil arbre est tombé,... mais beaucoup de jeunes rejetons restent après lui très serrés ».

---

1. Elle a paru, moins complète, dans *Kroaz ar Vretoned* et sur feuille volante.

Kanerez koz Pluned.

*Colligite quæ superaverunt fragmenta,
ne pereant.*
**Dastumit an tammou manet,
Gant aon na ve hini kollet.**
Jezuz, en Aviel sant Yann (VI, 12).

I

Dirag ar volz kaer-mañ kizellet en eñvor
Da Varc'harid Fulup, pen-kanerez Arvor,
E tassono ive ma zelenn 'n hec'h enor.

Nemed eur wech hepken ne dizis he c'hlevet ;
Gant pebez levene ha souez d'am spered,
Pebez trid em c'halon, n'oufenn ket e laret :

Breiz koz 'oa dirazoun ! C'houez hec'h ene dinamm
A nije war ma zal tommet gant grouez he flamm ;
Ken didro ha poellek, ken serz e oa, hon Mamm !

Embannet voe, pell-zo, 'oa toc'hor Breiz-Izel
Dindan tòliou tud gin a ra d'ei gwall-vrezel ;
Neuze hen gwelis splann : hi ne dle ket mervel !

II

Raog-ze, 'm oa selaouet ha skrivet alies,
Laouen, diwar diweuz eur paour pe baourez kèz,
Eun tamm marvailh gwejall, ha peziou barzoniez ;

Pelec'h 'kavjenn, avat, ar c'houn start ha gwirion,
Ar skïant-natur ecun, hag evit furchal don,
Evit dastum, diski, kana pep ton ha son,

Traduction des vers qui précèdent.

La vieille chanteuse de Pluzunet.

Colligite quæ superaverunt fragmenta, ne pereant.

Recueillez les morceaux qui restent, de peur
qu'ils ne se perdent.

Jésus, dans l'Évangile de saint Jean (VI, 12).

I

Devant ce monument artistique élevé à la mémoire
De Marguerite Philippe, la grande chanteuse d'Armorique,
Ma harpe aussi résonnera en son honneur.

Il ne m'a été donné qu'une seule fois de l'entendre ;
Avec quelle joie, quelle admiration dans l'esprit,
Quel tressaillement au cœur, je ne saurais le dire :

La vieille Bretagne était devant moi ! Le souffle de son âme
[sans tache
Effleurait mon front, qu'échauffa l'ardeur de sa flamme ;
Qu'elle était naïve et consciente, et sûre d'elle-même, notre
[Mère !

On a depuis longtemps annoncé que la Bretagne agonisait
Sous les coups d'adversaires qui lui font une guerre achar-
Alors je le vis clairement : elle ne doit point mourir !   [née ;
[née ;

II

Déjà, j'avais écouté et écrit souvent
Avec plaisir, des lèvres d'un pauvre ou d'une pauvresse
Quelque récit d'autrefois, et des pièces de poésie ;

Mais où aurais-je trouvé la mémoire solide et fidèle,
L'instinct droit, et pour faire des fouilles profondes,
Pour recueillir, apprendre, chanter chaque air et chaque
[chanson.

Enklask pep disrevel, e kement korn ar vro
Dihun hegleviou kent triouac'h leo tro-war-dro,
Ar youl-vat 'oa en God, Doue d'he fardono !

Groeg hec'h ijin uhel, Marc'harid ne ouie
Distaga ger gallek na digej kroaz-Doue :
Ar Ouiziegez, padal, a lar d'ei : « Trugare !

« Trugare, mestrez fur ! me zo dleourez d'it
Muioc'h eget da galz tud lemek a zellid :
Te 'ziskas d'in treo mat na gavjed e nep skrid.

« Gant Luzel hag Ar Bras, barzed ar gouizieka,
'Teus lammet teñzoriou diouz islonk 'n Añkouna :
Pinvidikaet ganit, me az trugareka ! »

III

Buhe 'r bed-ma 'zo berr, ha pez a reompenni
Dister, e skoaz kement hon eus da zeveni :
Goude hon poan, hon skouer a boagn evidomp-ni.

A-youl Doue 'vo bev, pell, skoueriou mat kenañ
Eur bevaïg ken leun, peurwestlet da gañañ,
Herve ar geriou aour garanet er be-mañ !

Brôiz ar ganerez, kendalc'hit he mennoz :
Karit gwerziou nerzus kanerien gwejall-goz
A zo kousket divrud e bered o faroz ;

War he lerc'h, kanit c'hoaz, gant karante dener,
Ar zoniou a ziwan er brezoneg seder
Evel ar bleuniou briz bep ploa er prajeier :

Kanaouennou santel, ha doanius, ha lirzin,
A ra d'an holl pidi, 'vel galv ar c'hloc'h sklintin,
Hunvreal pe ouela, pe diroll da c'hoerzin !

'N hini 'ra fae dioute 'ziskoue 'c'h eo disklañt :
Trôet ha distrôet, baleet keit 've c'hoant,
Ne gavo 'vel dre-mañ neplec'h so ennou koant.

Scruter chaque histoire, dans tous les coins du pays
Eveiller les échos du passé à dix-huit lieues à la ronde.
Cette bonne volonté qu'avait God, Dieu lui fasse paix !

Femme sublime, Marguerite ne savait
Prononcer un mot de français, ni épeler la croix de par
La Science, cependant, lui dit : — « Merci !   [Dieu ;

« Merci, sage maîtresse ! je te suis redevable
Plus qu'à bien des lettrés de mérite :   [dans aucun écrit.
Tu m'as appris de bonnes choses qui ne se seraient trouvées

« Avec l'aide de Luzel et de Le Braz, bardes des plus savants,
Tu as ravi des trésors au gouffre de l'Oubli ;
Enrichie par toi, je te remercie ! »

III

La vie de ce monde est courte, et ce que nous y faisons
Peu de chose, au prix de tout ce que nous avons à accomplir ;
Après notre travail, notre exemple travaille pour nous.

Dieu veuille qu'ils demeurent longtemps vivants, les excel-
                                        [lents exemples
D'une humble existence si remplie, entièrement consacrée
Selon les paroles d'or gravées sur cette tombe !   [à chanter,

Compatriotes de la chanteuse, continuez sa pensée :
Aimez les nobles poésies des chanteurs de jadis
Qui dorment sans gloire dans le cimetière de leur paroisse ;

Après elle, chantez encore avec une tendre affection
Les chansons qui éclosent sur le sol vigoureux du breton
Comme les fleurs aux couleurs variées, chaque année dans
                                        [les prés :
Chants sacrés, plaintifs et joyeux,
Qui font tout le monde prier, comme l'appel de la cloche
Rêver, ou pleurer, ou éclater de rire !   [argentine,

Celui qui les dédaigne prouve son peu de sens :   [voudra,
Qu'il se tourne et se détourne, qu'il voyage tant qu'il
Il ne trouvera nulle part comme chez nous de jolies chansons.

N'he deus ket da gaout mez 'touez ludou an douar
Breiz-Arvor : war he fenn eur steredenn a bar,
He barzaz a ra d'ei eur gurunenn dispar.

IV

Kelennou talvoudus a zav deus buheiou
God Fulup, ha Luzel a voulas he soniou,
Studiet gant preder e kement a vroiou.

Tud disket, 'jomit ket chouchet 'vel en toull bac'h
E-mesk ho parichou : ne c'hellit ket hen nac'h,
Ar bobl 'zo eul levr beo kentelius meurbet d'ac'h.

Petra ne rofec'h ket 'vit kaout, deus 'n oad pagan,
Poziou bet dastumet gant eul Luzel roman
Diouz genou e sklaved, 'n o yezou o-unan ?

Hogen ar geiz n'oant gret, e sell mistri facüs,
'Met 'vit reuz, dismegañs, hag emdagou euzus,
Ken 'lammas war ar bed sklerijenn veur Jezuz.

V

Breiz, o vont gant hec'h hent, 'lez ar chas da harzal.
Hec'h enebourien gri a zo tri seurd : tud fall ;
Sodien ('zo ar muian) ; dallet eo ar re-all.

Re zrouk, bleizi pe lern, outi a skrign o dent ;
Ar re zot a ra gwab, darn-all a c'hoarz ; 'velkent
Savet he dremm ouz krec'h, Breiz a ya gant hec'h hent.

Breiz a ya gant hec'h hent, savet he dremm ouz krec'h ;
He bugale leal hec'h ambroug, o divrec'h
Prest d'he difenn, pa gerz dudius ha dinec'h.

Pôtred têr, merc'hed zart, re goz, re yaouankik,
Bodet gwitibunan gant eur gred birvidik.
Dalc'homp da vont war rôk, oc'h heul hon mamvroig !

Elle n'a pas à rougir parmi les peuples de la terre,
La Bretagne Armorique : sur sa tête brille une étoile,
La Poésie lui fait une couronne incomparable.

IV

De précieux enseignements ressortent des vies
De Marguerite Philippe et de Luzel qui imprima ses chan-
Etudiées avec soin dans tant de pays.   [sons,

Savants, ne restez pas rencognés comme en un cachot
Au milieu de vos parchemins : vous ne pouvez plus le nier,
Le peuple est un livre vivant très instructif pour vous.

Que ne donneriez-vous pas pour avoir, de l'époque païenne,
Des couplets recueillis par un Luzel romain
De la bouche de ses esclaves, dans leurs propres langues ?

Mais les malheureux n'étaient faits, aux yeux de maîtres
                                        [dédaigneux,
Que pour souffrir misères et outrages et pour s'entr'égorger
                                        [affreusement,
Jusqu'à ce que jaillit sur le monde la grande lumière de
                                        [Jésus.

V

La Bretagne va son chemin, laissant les chiens aboyer.
Ses ennemis cruels sont de trois sortes : des méchants ;
Des sots (c'est le plus grand nombre) ; les autres sont
                                        [aveuglés.

Les mauvais, loups ou renards, grincent des dents contre
Les sots se moquent, d'autres rient ; cependant   [elle ;
Le visage levé là-haut, la Bretagne va son chemin.

La Bretagne va son chemin, le visage levé là-haut,
Ses fidèles enfants l'accompagnent, leurs bras
Prêts à la secourir pendant qu'elle marche, charmante et
                                        [sans crainte.

Garçons vaillants, filles joyeuses, vieux et tout jeunes,
Groupés tous ensemble par un zèle ardent,   [patrie !
Continuons d'avancer, à la suite de notre chère petite

VI

Ha c'houi, 'zo Gallaoued eul lod bras ac'hanoc'h,
A labour kalonek ma teuy bepred startoc'h
Karante 'tre broiz, etre broadou peoc'h ;

C'houi, a sked « Arôkat ! » war ho paniel, eur gir
A zo lugernus-flamm ha lemm, evel an dir ;
Stroll dibab, emroet d'ar mad, d'ar c'haer, d'ar gwir ;

Tud 'n Oad da zont ! o trei ho kein ouz luc'h an neñv,
N'it ket da gas ober da Vreiziz mont war dreñv,
Besteodet, hanter-vut, peuz-vouget o mouez kreñv,

Kollet yez ar varzed, ar yez c'hlan eus o gouenn :
O gwir hag o dlead eo diwall da viken
Lavar o gourdadou, herez d'o gourvibien.

Brizeug hen disklerias er galleg c'houek a Vreiz :
« Ar c'hompeza, ar marv ! hag ar Ouiziegez reiz
A sklera hon spered hep didana hon c'hreiz ! »

VI

Et vous, parmi qui se trouvent tant de Français,   [lide
Vous qui travaillez avec courage à rendre toujours plus so-
L'affection entre nationaux et la paix entre nations ;

Vous qui suivez le drapeau du Progrès, mot qui brille
Eblouissant et tranchant, comme l'acier ;
Troupe d'élite, dévouée au bien, au beau, au vrai,

Hommes de l'Avenir ! tournant le dos à la clarté du ciel
Ne cherchez point à faire aux Bretons aller en arrière
Bégayants, à demi muets, leur voix forte presque étouffée.

Ayant perdu la langue des bardes, la langue pure de leur
C'est leur droit et leur devoir de défendre à jamais   [race :
La parole de leurs ancêtres, héritage de leurs petits-enfants.

Brizeux l'a déclaré dans le beau français de Bretagne :
« Le niveau, c'est la mort ! » et la Science bienfaisante
« Eclaire les esprits sans dessécher les âmes ! »

TABLE DES MATIÈRES

Abbeville. — Imprimerie F. PAILLART.